公路与桥梁工程施工及质量控制研究

王展望　张涛锋　张　林　著

西安交通大学出版社
XI'AN JIAOTONG UNIVERSITY PRESS

图书在版编目（CIP）数据

公路与桥梁工程施工及质量控制研究 / 王展望，张涛锋，张林著. — 西安：西安交通大学出版社，2021.12
ISBN 978-7-5693-2124-1

Ⅰ.①公… Ⅱ.①王… ②张… ③张… Ⅲ.①道路施工－工程质量－质量控制②桥梁施工－工程质量－质量控制 Ⅳ.①U415.12②U445.1

中国版本图书馆 CIP 数据核字(2021)第 036156 号

书　　名　公路与桥梁工程施工及质量控制研究
　　　　　GONGLU YU QIAOLIANG GONGCHENG SHIGONG JI ZHILIANG KONGZHI YANJIU
著　　者　王展望　张涛锋　张　林
责任编辑　李　佳
责任校对　毛　帆

出版发行　西安交通大学出版社
　　　　　（西安市兴庆南路 1 号　邮政编码 710048）
网　　址　http://www.xjtupress.com
电　　话　(029)82668357　82667874（市场营销中心）
　　　　　(029)82668315（总编办）
传　　真　(029)82668280
印　　刷　西安五星印刷有限公司

开　　本　720mm × 1000mm　1/16　印张 13　字数 180 千字
版　　次　2021 年 12 月第 1 版　2022 年 3 月第 1 次印刷
书　　号　ISBN 978-7-5693-2124-1
定　　价　69.00 元

前言

公路与桥梁是国民经济赖以发展的重要基础设施，是我国基础建设中非常重要的部分。随着我国经济的快速增长，经济发展对公路与桥梁基础设施的需求也日益增加，公路与桥梁的建设也在迅猛发展。公路与桥梁建设施工的质量优劣直接影响着我国交通运输行业的发展，也影响着国民经济的发展。

公路与桥梁工程是公路建设的重要组成部分，随着经济发展的需要，民众出行的需要以及政府对基础设施建设的重视，我国公路与桥梁工程建设投资的规模越来越大，同时对公路与桥梁的质量标准要求也越来越高。因此，我们必须重视和加强公路与桥梁施工过程中的工程质量管理和控制，提高施工质量意识。此外，随着近年来公路与桥梁建设的新材料、新技术和新工艺不断出现，我国有关公路与桥梁建设的技术规范、标准、试验检测规程也在不断修订和更新，这些都是保障公路与桥梁工程建设施工质量的必要举措。

要保证公路与桥梁在施工过程中的质量，首先，施工建筑单位必须保证公路与桥梁施工中使用的原材料的质量合格；其次，要保证建筑施工单位的技术与水平；最后，施工建筑单位要严格按照国家出台的相关法律法规与标准规范进行有效施工，严格控制好施工的质量与安全，建设质量合格的公路与桥梁基础设施，进而为我国的交通运输行业和经济发展保驾护航。

著者

2020年10月

目录

第一章 绪论

第一节 道路工程施工的发展与基本步骤

一、道路工程施工的历史与发展

(一)道路工程施工的历史

中国是世界上最早记载有道路建设的国家。“道路”名称始于周朝,秦朝时称“择道”,元朝称“大道”。我国最早的交通工具是舟车,采用圆形车轮来运输货物,后来,马车、战车和乘车相继问世,人们便修建有可供其行驶的道路。到西周时期道路建设已初具规模,并有了专门管理道路的“司空官”,可见当时的车辆运输与道路建设已有了较大的发展。《周礼》中记载:“匠人营国,方九里,旁三门。国中九经有纬……”“经涂九轨,环涂七环,野涂五轨。”《诗经》中记载:“周道如砥,其直如矢。”秦、汉时期是我国古代道路发展的鼎盛时期,初步建成了四通八达的道路网,并在道路结构、施工方法等方面做了许多创新,期间形成的“直道”“栈道”更是具有了早期高等级道路的雏形。到了清代,政府对道路进行了分级,如“官马大路”“大路”“小路”3个等级。

20世纪初,第一辆汽车进入我国后,通行汽车的公路开始发展起来,1906年建成了我国历史上第一条公路,即龙州至镇南天公路(长55 km)。中华人民共和国成立以前,我国道路建设缓慢,且屡遭破坏。在这一时期,修建的多为天然泥土路、泥石路或泥结碎石路,且施工技术及手段落后,主要是人工挑抬、石碾压实,虽引进了一些筑路机械,但由于机械配件和燃料供应困难而很少使用。

中华人民共和国成立以后,随着我国公路及城市道路建设事业的蓬勃发展，道路施工技术水平也得到了较快地提高。我国组建了道路施工专业队伍，颁布了各种公路及城市道路设计与施工技术规范或规程，使道路施工及管理迅速地走上正轨。由专业施工队伍负责承担施工任务的国、省干线公路工程相继竣工，并在这些工程的施工中探索、掌握了土石方大爆破施工，泥结碎石路面施工及泥结碎石路面加铺级配磨耗层施工，渣油表处路面、软土等特殊地基的处理等一系列的道路施工技术，使我国的道路施工技术水平整体提高。

20世纪80年代以来，我国的道路建设事业得到了迅速发展，高速公路及城市快速路实现了零的突破。为适应高等级道路建设高标准和高质量的要求，道路施工技术也获得了前所未有的发展，主要表现在以下几个方面：

（1）制定（或修订）并完善了公路及城市道路工程设计施工技术规范，初步建立了一整套符合我国国情的道路施工控制、检测及验收标准。施工的控制及检测方法日臻完善，从而有力地保证了工程质量，加快了施工进度。

（2）机械化施工水平大大提高，各种先进的筑路机械广泛应用于道路工程的施工。全国各地组建了一批设备先进、种类齐全的道路机械化施工队伍，道路施工基本实现了由手工操作逐步向现代化机械作业方式的转变。

（3）新技术、新工艺、新材料得到广泛应用，进而取得了巨大的社会、经济效益。

（二）道路工程施工技术的特点

1.对道路建设的要求

随着世界各国经济、技术的发展，道路交通事业也随之发展，人们对道路建设也提出了更高的要求，主要表现在以下几个方面：

（1）对道路功能的要求越来越高，如通行能力、承载能力及行车的安全性和舒适性等。

（2）对道路整体线形、路容、路况的要求越来越高，特别是山区公路及旅游区道路，其路线与周围环境的协调性成为重要的评定条件。

(3)对道路的环保要求越来越高,如对行车污染和噪声的限制等。

(4)对道路的施工速度、施工质量和管理水平的要求越来越高,施工中普遍采用自动化机械设备快速施工作业。

2.道路工程施工的特点

道路是通过设计与施工消耗大量的人工、材料和机械而完成的建筑产品。道路施工与一般工业生产和其他土木建筑工程施工(如房屋建筑)相比具有以下特点:

(1)道路工程是线形建筑物,施工面狭长,流动性大,临时工程多,施工易受到其他工程和外界的干扰,施工管理工作量大。

(2)道路施工系野外作业,受水文、气候、地质等自然条件的影响很大。特别是在雨期和冬季施工有许多困难,施工作业受到极大限制。

(3)道路经过的地形地貌差别很大,致使工程数量很不均匀,给各施工项目之间的协调工作带来困难。尤其是高等级道路的施工,其对机械化程度要求更高,各种新工艺、新材料、新技术应用广泛;征地、拆迁工作量大,占用土地多,涉及面广,施工干扰多,施工中的横、纵向协调工作量大,这就使施工的组织与管理更加严格。

(4)道路是永久性建筑,占用土地较多,一般短期内不可能拆除重建,再加上道路暴露于外界,长年经受行车荷载及环境因素的影响,道路建设项目复杂、工程投资大、任务艰巨、工期要求紧,因此工程的质量要求尤为重要。

(三)道路工程施工技术的发展趋势

道路工程施工的特点决定了道路工程施工的规律,只有客观地研究并遵循这些规律,科学地组织道路工程施工,才能圆满地完成施工项目的任务。目前,道路工程施工技术正朝着机械化、自动化、标准化和工业化方向发展,施工技术的发展将更好地满足设计要求,使设计与施工的结合更加密切。施工技术的发展主要表现在以下几个方面:

1)施工方案

在道路施工方案的拟定和选择方面,充分利用计算机及其他现代先进手段,综合考虑材料、机具、工期、造价等因素,进行方案优化,以获取最大的经济效益与社会效益。

2)施工工艺

在土石方综合爆破、稳定(加固)土、旧有沥青和水泥混凝土再生,工业废料筑路,水泥、沥青、土壤外加(改性)剂等施工工艺方面将有突破性的进展。

3)施工机械

在施工机械方面,将出现使用一条龙的单机配套机械进行流水作业和多功能的联合施工机械;为保证施工机械自动化运行正常,还将使用电子装置和激光技术对施工现场进行遥控监测。

4)施工检测技术

在施工检测技术方面,将广泛使用能自动连续测量动、静两种荷载作用下的路基、路面弯沉仪和曲率半径仪,研究并使用冲击波、超声波测定道路结构的强度和弹性模量,研究并使用雷达波、同位素方法等测定密实度和厚度,使用电脑自动连续测量路面抗滑性能和平整度等。

5)施工作业

在施工作业方面,将大量使用预制结构,使路基、路面施工,特别是人工构造物的施工实现标准化和工厂化。

6)特殊路基施工

在特殊路基的施工方面,将充分应用生化技术,最大限度利用当地材料。

7)生态环境

各种环保和交通工程设施如声屏墙、减噪路面及绿化工程等的施工技术将被提高到一个新的水平。

二、道路工程施工的依据和基本步骤

(一)道路工程施工的依据

道路工程施工的主要依据有:交通运输部现行颁布的施工技术规

范、操作规程、试验规程、质量检验评定标准等;工程项目的招标文件(项目专用本)及补遗书;工程项目的设计图纸及参考资料;合同段工程现场考察情况及施工单位现有可投入工程的施工技术力量和机械设备。

(二)道路工程施工的基本步骤

施工企业从投标到完成道路工程施工项目一般要经过接受施工任务,开工前的规划组织准备,施工现场条件准备,正式施工和竣工验收等基本步骤。

1.接受施工任务

施工单位获得施工任务通常有三种方式:一是由上级主管单位统一接受任务,按行政隶属关系安排计划下达;二是经主管部门同意后,对外接受任务;三是自行对外参加竞标,中标后获得任务。目前,越来越多的施工任务以参加竞标的方式,在建筑市场的竞争中获得。

接受工程项目的施工任务时,首先应查证核实该项目是否列入国家计划,是否有批准的可行性研究报告、初步设计(或施工图设计)及概(预)算文件等。国家计划以外的基本建设项目,如三资企业、合资企业、地方自筹资金工程等,亦应有国家主管部门对该项目的批复文件。获得施工任务,从法律角度上讲,是以签订工程合同加以确认的,因此,施工企业接受的工程项目,必须同建设单位签订工程合同,明确双方的经济、技术责任,互相制约、互相促进,共同保证按质、按量、按期完成工程项目的建设任务。合同一经签订,就具有法律效力,双方都应认真履行。

工程合同的内容应包括简要说明、工程概况、承包方式、工程质量、开(竣)工日期、工程造价、物资供应与管理、工程拨款与结算办法、违约责任、奖惩条款及双方的配合协作关系等。由于工程合同的内容涉及工程经营管理的各个方面,所以要求合同条款既要遵守有关法规要求,又要符合工程实际情况;既要用词准确,防止合同条款表述含混不清,以免引起不必要的争执,又要简明扼要,便于执行和检查。

2. 开工前的规划组织准备

施工单位接受施工任务后,即可着手进行施工准备工作。施工单位的施工准备工作千头万绪,必须有计划、按步骤、分阶段地进行,才能在较短时间内为工程开工创造必要的条件。施工准备工作的基本任务是了解施工的客观条件,根据工程的特点和进度要求,合理安排施工力量,从人力物资、技术和施工组织等方面为工程施工创造一切必要的条件。

开工前的施工准备工作分为战略性的规划组织准备和战术性的现场条件准备两大部分内容,前者是总体的布置,后者是具体的落实。开工前的规划组织准备工作的主要内容如下:

1)熟悉和核对设计文件

设计文件是工程施工最重要的依据,组织技术人员熟悉和了解设计文件,是为了明确设计者的设计意图,掌握图纸、资料的主要内容及有关的原始资料。此外,从设计到施工通常都要间隔几年时间,勘测设计时的初始自然状况也许会由于各种原因而有所变化,因此必须对设计文件和图纸进行现场核对。主要核对内容如下:

(1)各项计划的布置、安排是否符合国家有关方针、政策、规定以及国家的整体布局;设计图纸、技术资料是否齐全,有无错误或相互矛盾。

(2)设计文件依据的水文气象、地质、岩土等资料是否准确、可靠、齐全。

(3)掌握整个工程的设计内容和技术条件,弄清设计、规模、结构、特点和形式。

(4)核对路线中线、主要控制点、转角点、水准点、三角点、基线等是否准确无误;重点地段的路基横断面是否合理;重要构造物的位置、结构形式、尺寸大小、孔径等是否恰当;能否采用更先进的技术或使用新材料。

(5)路线或构造物与农用、水利、航道、公路、铁路、电信等管道及其他建筑物的互相干扰情况及其解决办法是否恰当,干扰可否避免。

特别要注意解决好发生在历史文物纪念地、民族特殊习惯区域等的干扰问题。

(6)对地质不良地段采取的处理措施是否先进合理,对防止水土流失和保护环境采取的措施是否恰当、有效。

(7)施工方法、料场分布、运输工具、道路条件等是否符合工程现场实际情况。

(8)临时便桥、便道、房屋、电力设施、电信设施、临时供水、场地布置等是否恰当。

(9)各项纪要、协议等文件是否齐全、完善。

(10)明确建设期限,包括分期、分批施工的工程期限要求。

现场核对时,如发现设计有错误或不合理之处,应提出修改意见报上级机关审批,待核准批复后进行现场测量、修改设计、补充图纸等工作。

2)补充调查资料

进行现场补充调查,为优化和修改设计、编制实施性施工组织设计、因地制宜地布置施工场地等收集资料。调查的内容主要有:工程地点的地形、地质、水文、气候条件,自采加工材料场储量,地方生产材料情况,施工期间可供利用的房屋数量,当地劳动力资源、工业生产加工能力、运输条件和运输工具,施工场地的水源、水质、电源以及生活物资供应状况,当地民俗风情、生活习惯等。

3)组织先遣人员进场

道路施工需要调用大量人工、材料和机具,施工先遣人员的任务就是结合施工现场的实际情况,具体落实施工队伍进入工地后在生产、生活、环境等方面必须解决的问题。对施工中涉及其他部门的问题,做好联系、协调工作,签订相应的会谈纪要、协议书或合同。同时还要及时与当地政府部门取得联系,积极争取地方政府对工程施工的支持。

4)编制实施性施工组织设计和施工预算

实施性施工组织设计是指导施工的重要技术文件。道路施工是野外作业,又是线性工程,各地自然地理状况和施工条件差异很大,不可能采用一种定型的、一成不变的施工方案和施工方法，每项工程的施工都需要通过深入细致的工作，分别确定施工方案和施工组织方法，因此必须认真做好实施性施工组织设计，并编制相应的施工预算。

3. 施工现场条件准备

经过现场核对后，依据设计文件和实施性施工组织设计，认真做好施工现场的准备工作，主要内容如下：

1）征地及拆迁

划定工程建设用地，开始征用土地，拆迁房屋、电信及管线设施等各种障碍物，施工临时用地亦应同时办理。

2）技术准备工作

进行施工测量，平整场地，做好施工放样，布置施工场地，建立工地实验室，进行各种建筑材料试验和土质试验，为施工提供可靠数据；落实各工点的施工方案以及相应的供水、供电设施；各种施工物资的调查与准备，包括建筑材料、机具设备、工具等的货源安排，进场后的堆放、入库、保管及安全工作等。

3）建立临时生活、生产设施

修建便道、便桥，搭盖工棚；选址修建预制场、机修厂、路面混合料拌和基地、水泥混凝土搅拌站等大型临时设施；临时供电、供水、供热及通信设备的安装、架设与试运行。

4）人员、机具、材料陆续进场

施工准备工作基本就绪后，即可组建施工机构，集结施工队伍，运送材料、机具。当施工队伍进场后，应及时做好开工前的思想动员、技术学习和安全教育工作。机具、物资进场后要按计划存放并妥善保管。

5）提出开工报告

上述各项具体准备工作完成后，即可向建设单位或施工监理部门提出开工报告。开工报告必须按规定的格式编写，并在上级要求或工程合同规定的最后日期之前提出。

4. 正式施工

在施工准备工作完成，提交开工报告之后，才能按批准的日期开始正式施工。施工应严格按照设计图纸进行,如需要变更,必须事先按规定程序报经建设单位或监理工程师批准。要按照施工组织设计确定的施工方法、施工顺序及进度要求进行施工。各分项工程,特别是地下工程和隐蔽工程,要逐道工序检查合格,做好施工原始记录,才能进行下一道工序的施工。施工要严格按照设计要求、施工技术规范和验收规程进行,保证质量、安全操作、不留隐患,若发现问题及时解决。

对大、中型工程建设项目,必须严格执行施工监理制度,按监理的规定或要求实行进度控制、质量控制和费用控制。为确保工程质量,加强施工管理,组织施工时应有以下基本文件:设计图纸、资料、施工规范、技术操作规程、各种定额、施工图预算、施工组织设计、工程质量检验评定标准、施工验收规范、施工安全操作规程、文明施工及环境保护措施等。

道路工程施工是一项复杂的系统工程,必须科学合理地组织,建立正常、文明的施工秩序,有效地使用劳动力、材料、机具、设备、资金等。施工方案要因地制宜、结合实际,施工方法要先进合理、切实可行。施工中既要注意工程质量和施工进度,又要注意保护环境、安全生产,确保优质、高效、低耗、安全地全面完成施工任务。

5.竣工验收

道路基本建设项目的竣工验收是全面考核道路设计成果,检验设计和施工质量的重要环节。做好竣工验收工作,对于确保工程质量,保证工程及时投入使用,发挥投资效益,总结建设经验,提高建设质量和管理水平有着重要作用。道路施工单位在竣工验收阶段应做好以下几项工作:

1)竣工验收准备

工程项目按设计的要求建成后,施工单位应自行初验,即交工验收。初验时,要进行竣工测量,编制竣工图表;认真检查各分部工程,发现有不符合设计要求和验收标准之处应及时修改;整理好原始记录、工程变更设计记录、材料试验记录等施工资料;提出初验报告,按投资隶属关系上报或送达监理单位。

初验报告一般包括:初验工作的组织情况;工程概况及竣工工程数量;各单项工程检查情况和工程质量情况;检查中发现的重大质量问题及处理意见;遗留问题的处理意见和提交竣工验收时讨论的问题。

2)竣工验收工作

施工单位承担的工程全部完成后,经初验符合设计要求并具备相应的施工文件资料,应及时报请上级主管单位或业主组织竣工验收。

根据建设项目的规模大小,分别由住建部或交通运输部,或是省、直辖市、自治区以及交通主管部门组织验收。参加竣工验收的人员应包括设计、施工、监理、养护、建设单位代表、当地有关部门代表以及特邀专家。

竣工验收的具体工作由验收委员会负责。验收委员会在听取施工单位的施工情况和初验情况汇报并审查各项施工资料之后,采取全面检查、重点复查的办法进行验收。对初验时有争议的项目及确定返工或补做的项目,应全面检查和复测。对高填、深挖、急弯、陡坡路段应重点抽查。小桥涵及一般构造物、一般路段路基及路面、排水及安全设施等,可采取随机抽查的方式进行检查。检查过程中,必要时可采用挖探、取样试验等方法。

验收工作以设计文件为依据,按照国家有关规定,分析检查结果,评定工程质量等级,形成竣工验收鉴定书,并经监理工程师签认。对需要返工的工程,应查明原因,提出处理意见,由施工单位按期修竣。

3)技术总结

竣工验收通过后,施工单位应认真做好工程施工的技术总结,以利于不断提高施工技术水平和管理水平,吸取经验教训,促进企业的发展。对于施工中采用的新技术和重大技术革新项目,以及施工组织、技术管理、工程质量、安全工作等方面的成绩,应进行专题总结。

4)建立技术档案

技术档案包括设计文件、施工图表、原始记录、竣工文件、验收资料、专题施工技术总结等,这些文件在工程竣工验收后由施工单位汇集整理、装订成册并按管理等级建档保存。保密工程的图纸资料，按有关保密制度办理。

第二节 桥梁建筑概况

一、国内外桥梁概述

（一）我国桥梁建筑概况

我国桥梁的建筑史十分辉煌，古代的桥梁不但数量很多，类型也十分丰富，几乎包括了近代桥梁中的绝大部分形式。桥梁所用的材料多是一些天然材料，如土、石、木等。

根据史料考证，在三千多年前的周文王朝代，就有在渭河上架设浮桥和建造石桥的文字记载。隋唐时期是我国古代桥梁的兴盛期，在桥梁形式、结构构造方面都有很多创新。宋代之后，建桥数量大增，桥梁的跨越能力、造型和功能也有所提高，充分体现了我国古代工匠的智慧和水平。

举世闻名的河北省赵县的赵州桥（又称安济桥），就是我国古代石拱桥的杰出代表，该桥为隋朝的李春所建（公元595年至605年），至今仍保存完好。赵州桥是一座空腹式的圆弧形石拱桥，净跨37.02 m，宽9.6 m，拱矢高7.23 m。在拱圈两肩各设有2个跨度不等的腹拱，这样既美观，又能减轻桥身自重，节省材料、便于排洪。赵州桥采用纵向并列砌筑，将主拱圈分为28圈，每圈由43块拱石组成，每块拱石重约1 t，用石灰浆砌筑。

我国是最早建设吊桥的国家，据记载，在唐朝中期，我国就从藤索、竹索发展到用铁链建造吊桥，而西方在16世纪才开始建造铁链吊桥，比我国晚了近千年。至今保留的古代吊桥有四川泸定县的大渡河铁索桥（1706年）和都江堰市的安澜竹索桥（1803年重建）等。泸定铁索桥跨长约100 m，宽约2.8 m，由13条锚固于两岸的铁链组成，1935年中国工农红军长征途中曾强渡此桥，因此更加闻名。

早在秦汉时期，我国已广泛修建石梁桥。世界上现存最长、工程最艰巨的石梁桥就是我国于1053—1059年在福建泉州建造的万安桥，也称洛阳桥，此桥长834 m，共47孔，位于“波涛汹涌，水深不可知”的海口江面上。此桥以磐石遍铺桥位江底，并且独具匠心地用养殖海生牡蛎的方法胶固桥基使其成整体。万安桥的石梁共300余根，每根重20 ~ 30 t，这样重的梁在当时采用“激浪以涨舟，悬机以弦牵”的方法架设。据分析就是利用潮汐的涨落控制船只的高低位置，这也是现代浮运架桥的雏形。

中华人民共和国成立前，我国大部分地区交通不便，可供通车的公路很少，公路上的桥梁多为木桥、石桥。中华人民共和国成立后，随着我国综合国力迅速提升，交通事业快速发展，桥梁建设也取得了很大的成就。1957年，第一座长江大桥——武汉长江大桥建成，结束了我国万里长江无桥的状况，从此“一桥飞架南北，天堑变通途”。这标志着我国建造大跨度钢桥的现代化桥梁技术水平提高到新的起点。武汉长江大桥的正桥为三联3×128 m的连续钢桁梁，下层双线铁路，上层公路桥面宽18 m，两侧各设2.25 m的人行道，全桥总长1670.4 m（包括引桥）。1968年，我国又建成了举世瞩目的南京长江大桥，这是我国自行设计、制造、施工，并使用国产高强钢材的现代化大型桥梁。南京长江大桥上层为公路桥，下层为双线铁路，包括引桥在内，铁路桥梁全长为6772 m，公路桥梁全长为4589 m。桥址处水深流急，河床地质极为复杂，大桥桥墩基础的施工非常困难。南京长江大桥的建成，表明我国的钢桥建设已接近世界先进水平，是我国桥梁史上又一个重要标志。

从拱桥的发展进程来看，在20世纪50年代左右，进入了全盛时期。1958—1960年，我国建设者们因地制宜，就地取材，修建了大量经济美观的石拱桥。目前已建成的世界跨度最大的石拱桥是于2000年建成的主孔净跨径为146 m的山西丹河新桥。世界最大跨度的混凝土拱桥当属1997年建成的重庆万县长江大桥，桥拱净跨420 m，其主拱圈是采用劲性骨架法进行施工的。我国最大跨径的钢拱桥是四川攀枝花3002号桥，主跨为180 m。上海2003年建成通车的卢浦大桥主跨550 m，为中承式钢箱拱桥，比前世界第一的美国西弗吉尼亚桥还长31.8 m，成为新的世界第一钢拱桥。

钢管混凝土拱桥是一种钢与混凝土复合材料的拱桥，该桥型在我国发展很快。广州丫髻沙大桥为主跨360 m的中承式钢管混凝土拱桥，即当时世界第一钢管混凝土拱桥。巫山长江大桥属于中承式钢管混凝土拱桥，主跨跨径492 m，在建设中创造了当时桥梁建设的5项世界第一，即组合跨径、每节段绳索吊装重量、吊塔距离、拱圈管道直径和吊装高度世界第一。

钢筋混凝土与预应力混凝土的梁式桥，在我国也获得了很大的发展。对于中小跨径，一般采用简支架，30 m以下宜用标准化跨径，已广泛采用配置低合金钢筋的装配式钢筋混凝土板式或T形梁式的定型设计，这样不但经济适用，而且施工方便，能加快建桥速度。对于高等级公路桥上的多跨简支梁，随着车速和行车舒适性要求的提高，简支梁多采用桥面或结构连续，以减少伸缩缝的数量。我国跨径最大的简支梁桥是1997年建成的昆明南过境高架桥，跨径63 m。1997年建成的主跨为270 m的虎门大桥辅航道桥是中国跨度最大的预应力混凝土梁桥。

预应力混凝土斜拉桥(简称斜拉桥)，因其结构合理、跨度能力大、用材指标低和外形美观而发展迅速。我国斜拉桥起步比较晚，跨径76 m的四川云阳桥是国内第一座斜拉桥，20世纪90年代以后，因跨越大江大河的需要，斜拉桥得到了快速的发展，我国陆续修建了一系列特大跨度的斜拉桥。据不完全统计，目前我国建成的斜拉桥已超过100座，其中跨度超过400 m的斜拉桥已达20座，居世界首位。

悬索桥的跨越能力在各类桥型中是最大的。江苏江阴长江大桥的主跨为1385 m，是我国第一座跨度超过千米的钢箱梁悬索桥。该桥在沉井、地下连接墙、锚碇、挂索等工程施工中创造的经验，推动了我国悬索桥施工技术的进一步发展。中国香港地区的青马大桥，全长2.2 km，主跨1377 m，为公铁两用双层悬索桥，是中国香港地区的标志性建筑之一。它把传统的造桥技术提升至极高的水平，宏伟的结构令世人赞叹，在世界171项工程大赛中，荣获“建筑业奥斯卡奖”。江苏润扬长江大桥南汊桥采用跨径为1490 m的单孔双铰钢箱梁悬索桥。浙江舟山西堠门大桥，是一条全长2588 m，主跨1650 m的悬索桥，加劲梁梁宽36 m，大桥设计的行车速度上限为80 km/h，设计风速为公路-Ⅰ级。

如今，我国的公路和桥梁建设进入了一个全新的时期。一个干支衔接、布局合理、四通八达的公路网已经形成，使公路交通对国民经济发展的“瓶颈”制约状况得到有效地缓解。所以，我们应不断努力，不断吸取国内外桥梁建筑的先进技术和经验，为我国的桥梁建设做出更大的贡献。

（二）国外桥梁建筑概况

纵观世界桥梁建筑发展的历史，桥梁建筑的发展与社会生产力的发展，工业水平的提高，施工技术的进步，数学、力学理论的进展，计算技术的改革等方面都有一定的关系，其中与建筑材料的改革最为密切。

17世纪中期以前，建筑材料基本上只限于土、石、砖、木等，土木工程采用的结构也较简单。17世纪70年代开始使用生铁，19世纪初开始使用熟铁建造桥梁与房屋。由于这些材料本身的缺陷，使土木工程的发展仍然受到限制。

19世纪中期，钢材的出现使钢结构得到了蓬勃发展，开始了土木工程的第一次飞跃。

20世纪初，钢筋混凝土的广泛应用，以及随后预应力混凝土的诞生，实现了土木工程的第二次飞跃。

以上可以看出，工业革命促使生产力大幅度增长，从而促进了桥梁建筑技术方面空前的发展。

下面是世界各国的典型桥例，可从中看出其发展概况和现状。

悬索桥方面，纽约布鲁克林悬索桥，跨径483 m，是世界上首次以钢材建造的大桥，开创了现代悬索桥的先河。1937年建成的旧金山金门大桥，主跨1280 m，保持了20年的世界最长悬索桥纪录，至今金门大桥仍是举世闻名的桥梁经典之作。日本明石海峡大桥是一座大跨径悬索桥，主跨径为1991 m，居当前世界同类桥梁之首，其桥塔高度也为世界之冠，两桥塔矗立于海面以上约300 m，桥塔下基岩为花岗岩，埋置很深，均在海平面150 m以下。

世界上第一座现代化斜拉桥是1955年瑞典建成的斯特多姆海峡桥，其主跨达128.6 m。加拿大的安纳西斯桥是世界上较大的斜拉桥，主跨465 m，桥宽32 m，桥塔采用钢筋混凝土结构，塔高154.3 m，主梁采用混凝土桥面板与钢梁组合结构。

奥地利的阿尔姆桥，主跨为76 m，是世界上最大跨径预应力混凝土简支梁桥。加拿大的魁北克桥是世界上跨度最长的悬臂桁架梁桥，桥的主跨为548.6 m，桥全长为986.9 m。

世界上最长的拱、梁组合钢桥为美国的弗莱蒙特桥，这是三跨连续加劲拱桥，主跨382.6 m，双层桥面，该桥主跨中央275.2 m的结构部分重约6000 t，采用一次提升架设。

（三）世界桥梁发展方向

纵观大跨度桥梁的发展趋势，可以看到世界桥梁建设必将迎来更大规模的建设潮，也对桥梁技术的发展方向提出了新的要求。

1. 大跨度桥梁向更长、更大、更柔的方向发展

研究大跨度桥梁在气动、地震和行车动力作用下结构的安全性和稳定性，将截面做成适应气动要求的各种流线型加劲梁，增大特大跨度桥梁的刚度，采用以斜缆为主的空间网状承重体系，采用悬索加斜拉的混合体系，采用轻型而刚度大的复合材料做加劲梁，采用自重轻、强度高的碳纤维做主缆。

2. 新材料的开发和应用

新材料应具有高强度、高弹模、轻质的特点，用以取代目前桥梁用的钢和混凝土。

3. 计算机的应用

在设计阶段采用计算机辅助手段，进行有效、快速优化和仿真分

析,运用智能化制造系统在工厂生产部件,利用GPS和遥控技术控制桥梁施工。

4. 大型深水基础工程

目前世界上尚无超过100 m的深海基础工程,下一步需进行100~300 m深海基础的实践。

5. 自动监测和管理系统的应用

桥梁建成交付使用后,将通过自动监测和管理系统保证桥梁的安全和正常运行,一旦发生故障或损伤,将自动报告损伤部位和养护对策。

6. 桥梁造型要求

由于人们对桥梁的造型要求越来越高,施工方应重视桥梁美学和环境保护,达到人文景观同环境景观的完美结合。

二、桥梁的组成和分类

(一)桥梁的组成

桥梁由上部结构、下部结构、支座和附属设施四个基本部分组成。图1-1和图1-2分别表示公路上所用的梁桥及拱桥的结构。

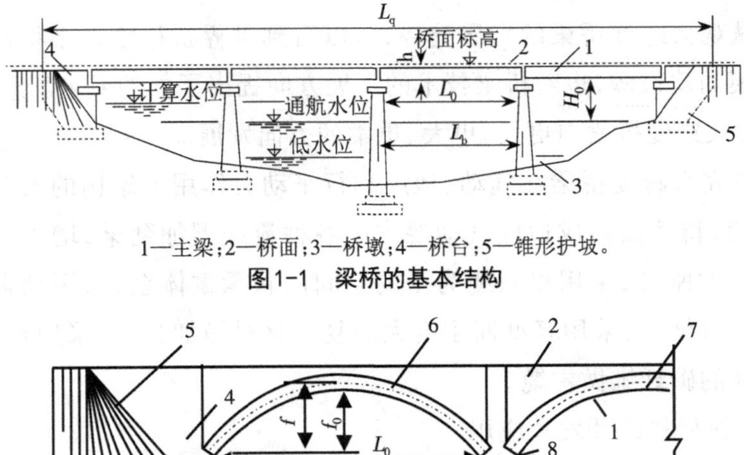

1—主梁;2—桥面;3—桥墩;4—桥台;5—锥形护坡。

图1-1 梁桥的基本结构

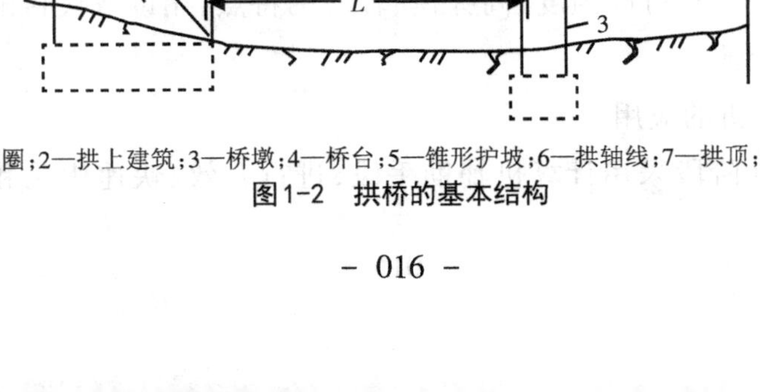

1—拱圈;2—拱上建筑;3—桥墩;4—桥台;5—锥形护坡;6—拱轴线;7—拱顶;8—拱脚。

图1-2 拱桥的基本结构

一般桥梁工程的主要名词解释如下：

上部结构又称桥跨结构，是路线遇到障碍（如河流、山谷等）中断时，跨越障碍的主要承重结构。它的作用是承受车辆荷载，并通过支座传给墩台。

下部结构（桥墩和桥台）为支承桥跨结构，是将恒载和车辆等活载传至地基的建筑物。通常，设置在桥梁两端的称为桥台，桥墩则在两桥台之间，桥墩的作用是支承桥跨结构。而桥台除了上述作用外，还与路堤相衔接，以抵御路堤填土压力，防止路堤填土的滑坡和坍落。

桥墩和桥台中使全部荷载传至地基的底部奠基部分，通常称为基础，它是确保桥梁能安全使用的关键。由于基础往往深埋于土层之中，并且需在水下施工，故基础也是桥梁建筑中施工比较困难的一部分。

支座是一座桥梁在桥跨结构与桥墩或桥台的支承处所设置的传力装置，它不仅要传递很大的荷载，并且要保证桥跨结构按照设计要求能产生一定的变位。

桥梁的基本附属设施包括桥面系、伸缩缝、桥台与路堤衔接处的桥头搭板和在桥台两侧设置石砌的锥形护坡，以保证路堤迎水部分边坡的稳定。

在桥梁建筑工程中，除了上述基本结构外，根据需要，还常常修筑护岸、导流结构物等附属工程。

（二）桥梁的主要尺寸和术语名称

河流中的水位是变动的，在枯水季节的最低水位称为低水位；洪峰季节河流中的最高水位称为高水位。桥梁设计中按照规定的设计洪水频率计算所得的高水位（很多情况下是推算水位），称为设计洪水位。

1.净跨径

对于梁桥，净跨径是设计洪水位上相邻两个桥墩（或桥台）之间的净距，用L_0表示；对于拱桥，净跨径L_0是每孔拱跨两个拱脚截面最低点之间的水平距离。

2. 计算跨径

对于具有支座的桥梁，计算跨径是指桥跨结构相邻两个支座中心之间的距离，用L表示。对于图1–2所示的拱式桥，计算跨径L是两相邻拱脚截面形心点之间的水平距离。因为拱圈（或拱肋）各截面形心点的连线称为拱轴线，故计算跨径也就是拱轴线两端点之间的水平距离。

桥跨结构的力学计算是以计算跨径为基准的。

3. 标准跨径

标准跨径为梁桥桥墩中线间或桥墩中线与台背前缘间的距离，用L_b表示；对于拱桥，标准跨径为净跨径。

4. 总跨径

总跨径是多孔桥梁中各孔净跨径的总和，也称桥梁孔径（ΣL_0），它反映了桥下宣泄洪水的能力。

5. 桥梁全长

桥梁全长简称桥长，是桥梁两端两个桥台的侧墙或耳墙后端点之间的距离，以L_q表示。对于无桥台的桥梁，桥梁全长为桥面行车道的全长。

6. 桥梁高度

桥梁高度简称桥高，指桥面与低水位之间的高差，或为桥面与桥下线路路面之间的距离。桥高在某种程度上反映了桥梁施工的难易性。

7. 桥下净空

桥下净空是为满足通航（或被跨道路路面和铁轨轨面）的需要和保证桥梁安全而设置的通航水位至桥跨结构最下缘之间的距离，以H_0表示，桥下净空应保证能安全通航和泄洪。《公路桥涵设计通用规范》（JTG D60—2015）规定，高速公路和一级、二级公路上的桥下净空应为5.0 m，三、四级公路上的桥下净空应为4.5 m。

8. 桥梁建筑高度

桥梁建筑高度是上部结构底缘至桥面顶面的垂直距离。铁路跨线桥一般需9.5 m，通航河流还必须同时满足泄洪要求。

9.净矢高、矢跨比

拱桥从拱顶截面下缘至起拱线的水平线间的垂直距离称为净矢高(f_0);拱桥搭轴线(或拱肋)的矢高与计算跨径之比(f/L),称为拱圈的矢跨比(或称拱矢度)。

(三)桥梁的分类

1.按照受力体系分类

按照受力体系分类,桥梁有梁式桥、拱式桥、刚架桥、悬索桥四种基本体系,其中梁式桥以受弯为主,拱式桥以受压为主,悬索桥以受拉为主。另外,由上述三大基本体系的相互组合,派生出在受力上也具有组合特征的多种桥型,如梁拱组合桥和斜拉桥等,称为组合体系。下面分别阐述各种桥梁体系的主要特点。

1)梁式桥

梁式桥是一种在竖向荷载作用下无水平反力的结构,梁作为承重结构是以它的抗弯能力来承受荷载的。梁分为简支梁、悬臂梁、固端梁和连续梁等。对于大跨径的特大桥可采用预应力混凝土变截面梁桥钢桥和钢筋混凝土叠合梁桥。由于外力(永久作用和可变作用)的作用方向与承重结构的轴线接近垂直,因而与同样跨径的其他结构体系相比,桥梁内产生的弯矩最大,通常需用抗弯、抗拉能力强的材料来建造。

2)拱式桥

拱式桥的主要承重结构是拱圈(或拱肋),拱式结构在竖向荷载作用下,拱圈既要承受压力,也要承受弯矩,桥墩和桥台将承受水平推力。同时,根据作用力和反作用力的原理,墩台向拱圈(或拱肋)提供一对水平反力H,这种水平反力将大大抵消在拱圈(或拱肋)内由荷载引起的弯矩。

3)刚架桥

刚架桥是介于梁与拱之间的一种结构体系,它是由受弯的上部梁(或板)结构与承压的下部桩柱(或墩)整体结合在一起的结构。由于梁与柱的刚性连续,梁因柱的抗弯刚度而得到卸载作用,整个体系是压弯结构，也是推力结构。

刚架分为直腿刚架与斜腿刚架。当跨越陡峭河岸和深谷时，修建斜腿刚架桥既经济合理又造型轻巧美观。

刚架桥的主要承重结构是梁（或板）与立柱（或竖墙）整体结合在一起的刚架结构，梁和柱的连接处具有很大的刚性，以承担负弯矩的作用。门式刚架桥在竖向荷载作用下，受力状态介于梁桥与拱桥之间。

T形刚构桥（带挂孔的或不带挂孔的）是修建较大跨径混凝土桥梁曾采用的桥型，属于静定或低次超静定结构。

连续刚构桥属于多次超静定结构，在设计中，一般应减小墩柱顶端的水平抗推刚度，使得温度变化在结构内不致产生较大的附加内力。对于很长的桥，为了降低这种附加内力，往往在两侧的一个或数个边跨上设置滑动支座——连续组合体系桥型。

刚架桥的桥下净空比拱式桥大，在同样净空要求下，可修建较小的跨径。

4）悬索桥

传统的悬索桥均用悬挂在两边塔架上的强大缆索作为主要承重结构，在竖向荷载作用下，通过吊杆使缆索承受很大的拉力。悬索桥的承载系统包括缆索、塔柱和锚碇三部分，结构自重较轻，能够跨越很大的跨度。悬索桥的另一特点是受力简单明了，成卷的钢缆易于运输，在将钢缆架设完成后，便形成了一个强大稳定的支承系统，施工过程中的风险相对较小。

5）组合体系桥梁

（1）梁、拱组合体系。这类体系有系杆拱、桁架拱、多跨拱梁结构等，它们利用梁的受弯与拱的承压特点组成联合结构，其中梁和拱都是主要承重物，两者相互配合共同受力。

（2）斜拉桥。斜拉桥也是一种主梁与斜缆相结合的组合体系。悬挂在塔柱上的被张紧的斜缆将主梁吊住，使主梁像多点弹性支承的连续梁一样工作，这样既发挥了高强材料的作用，又显著减小了主梁截面,使结构减轻,因而能跨越很大的跨径。

常用的斜拉桥是三跨双塔式结构和独塔双跨式结构,具体形式及布置的选择应根据河流、地形、通航、美观等要求加以论证确定。

2. 桥梁的其他分类简介

除上述按照变力特点分成不同的结构体系外,人们习惯按照桥梁的用途、规模大小和建桥材料等方面将桥梁分类。

1)按照用途分类

桥梁按照用途分为公路桥、铁路桥、公路铁路两用桥、农桥、人行桥、运水桥(渡槽)及其他专用桥梁(如通过管路、电缆等)。

2)按照桥梁总长和跨径不同分类

桥梁按照桥梁总长和跨径不同分为特大桥、大桥、中桥、小桥和涵洞。

3)按照上部结构建筑材料分类

桥梁按照上部结构所用的材料分为钢筋混凝土桥,预应力混凝土桥,圬工桥(包括砖、石、混凝土桥),钢桥和木桥等。

4)按照跨越障碍的性质分类

桥梁按照跨越障碍的性质分为跨河桥、跨线桥(立交桥)、高架桥和栈桥。

5)按照上部结构的行车道位置分类

桥梁按照上部结构的行车道位置分为上承式桥、中承式桥和下承式桥。桥面布置在主要承重结构之上的称为上承式桥;桥面布置在主要承重结构之下的为下承式桥;桥面布置在主要承重结构中间的为中承式桥。

6)按照特殊使用条件分类

桥梁按照特殊使用条件分为开启桥、浮桥、漫水桥等。

第二章 路基施工

第一节 概述

路基是路面的基础，是整个公路构造的重要组成部分，与路面共同承担行车的反复荷载。路基是指路面基层以下部分一定范围的土体，包括为获得具有均匀承载能力而进行的局部换土部分，回填、移挖作填连接处的缓和区段部分等。

公路路基是由土石方修筑而成的一种巨型的线性构造物，它具有结构形式简单，工程量大，受地形、地质、气象等因素的影响极大，施工范围广、作业内容多、技术复杂、质量要求高、投资大、工期长等特点。因此，路基工程必须采取合理的施工方法，选择合适的填筑材料，采用先进的施工技术、机械设备及周密的施工组织和科学的管理，来有效保证路基工程的高质量、高标准和高要求。

路基是支承路面的土工构筑物。在挖方地段，路基是开挖天然地层形成的路堑；在填方地段，则是用密实的土石填筑而成的路堤。由于路基在使用过程中要承受由路面传递来的行车荷载作用，并抵御各种环境因素的影响，因此要求路基必须具有足够的强度、良好的水温稳定性和耐久性。所谓路基施工，就是以设计文件和施工技术规范为依据，以工程质量为中心，有组织、有计划地将设计图纸转化为工程实体的建筑活动。

路基施工的重要性突出地表现为对工程质量的高标准要求。强度高、稳定性和耐久性良好的路基将成为路面结构的良好支承体系，有利于提高路面整体强度和使用性能，延长路面的使用寿命，还可以降低路面工程造价和公路养护维修费用。若路基工程质量低劣，将给路面和路基自身留下许多隐患，路面的质量和使用寿命会因此而降低，严重的路基或路面破坏甚至会中断交通，造成重大经济损失。

路基施工的工程质量会受到多种因素的不利影响。虽然路基施工主要是开挖、运输、填筑、压实等比较简单的工序，但由于路基施工存在着条件变化大、工程数量大、施工难度大、施工方法多等特点，对于保证路基工程质量有一定的难度。特别是地质不良的特殊路基段及隐蔽工程较多的路基段，在施工时常常会遇到复杂的技术问题和各种突发性事故需要处理，可以说路基施工技术是简单中蕴含着复杂。

一、路基施工的基本方法

路基土石方的施工作业主要包括开挖、运输、铺填、压实和修整等工作。有时为了提高挖土的效率，还要先松土。路基施工的基本方法可分为以下几种。

1.人工和简易机械化施工

人工和简易机械化施工主要依靠人使用手工工具和简易机械设备，其劳动强度较大、工效低、进度慢，工程质量难以保障，适用于缺少筑路机械的工地和工程量小而分散的零星工程以及某些辅助性工程。

2.水力机械化施工

运用水泵、水枪等水力机械，喷射强力水流，把土冲散并泵送到指定点沉积。水力机械化施工适用于电源和水源充足，可以用来挖掘比较松软的土层和填筑路堤，或者进行软土地基加固的钻孔等工作，但高等级公路不宜采用。

3.爆破施工

爆破施工是开挖岩石路堑的基本方法，也可以用来松动冻土(硬土)，排除淤泥，开采石料。定向爆破可将路基挖方直接移做填方，挤压和扩孔爆破可以用来处理软土地基。

4.综合机械化施工

综合机械化施工是指采用推土机、铲运机、平地机、挖掘机、压路机及松土机等机械，对主机配以辅机，相互协调，共同完成主要工序的综合机械化作业。综合机械化施工可极大地减轻劳动强度，提高劳动生产率，显著加快施工速度，提高工程质量，降低工程造价，保证施工安全，是加快公路建设，实现公路施工现代化的根本方法。

二、路基土方作业的基本类型

路基土方作业可以分为以下几种基本类型：

(1)挖取边沟和路侧土坑(单侧或双侧)的土填筑路堤。

(2)挖取上侧半路堑的土填下侧半路堤(半填半挖路基)。

(3)挖取集中取土坑或路堑的土运到填土处填筑路堤。

(4)挖取路堑的土运到弃土点，或者把台口式路堑的土弃至路堑下侧。

各种工作类型由于填挖要求、地形和运输距离不同，所用的施工方法和施工组织也就完全不同。在施工时，可根据各自的特点，按填挖工作沿路基宽度和高度(或深度)的推进顺序，采用不同的施工方案，使方案尽量能够达到如下要求：

(1)创造良好的施工条件，使人工和机具的生产效率得到充分的发挥。

(2)有足够的工作面，便于布置施工所需的人工和机具。

(3)有利于提高施工质量，保证安全施工，各个施工阶段都有排水出口。

三、施工注意事项

(1)严格按照设计文件和施工规范进行路基施工，以试验及测试结果作为检查、评定路基施工质量是否符合要求的主要依据。

(2)加强排水，确保路基施工质量。施工排水有利于控制土的含水量，便于施工作业。路基施工前应先修筑截水沟、排水沟等排水设施。雨季施工时要加强工地临时排水，各施工作业面应及时整平、压实、封闭。填方地段路基应根据土质情况和气候条件做成2%～4%的排水横坡；挖方工作面应根据路堑纵横断面情况，采取有效措施把积水排除。当地下水位较高或有地下水渗流时，应根据地下水的位置和流量设置渗沟等合适的地下排水设施。

(3)合理取土、弃土。施工时取土与弃土应从方便路基施工、节约用地、保护耕地和农田水利设施等角度考虑,注意取土、弃土后路基的排水通畅。

(4)保护生态环境。建成后的公路应有优美的路容和景观。路基施工时,应尽量减少对自然植被及地形地貌的破坏,避免水土流失。施工时清除的杂物不得随意倾弃到河流中。

(5)因地制宜,合理利用当地材料和工业废料修筑路基,有效降低工程造价。

(6)安全施工。必须贯彻安全施工的方针,制定必要、合理的安全措施,加强安全意识教育,避免人员伤亡和财产损失。

由于路基在公路中的重要作用,除要求具有正确、合理的断面尺寸外,路基还应具有足够的整体稳定性、强度和水温稳定性。与其他土建工程比较,公路路基工程具有施工场地线长面窄;土石方工程数量大,沿线分布不均匀;路基工程项目相互制约;受区域性影响大;施工干扰因素多等特点。因此,路基工程施工前必须做好详细调查,合理安排,统一部署,选择合适的填筑材料,采用先进的施工技术和施工机械、周密的施工组织和科学的管理。

第二节 施工准备

路基施工需要消耗大量的时间、人工、物资、机械等,是一项历时长、技术要求高的工作。路基施工前,必须根据工程的实际情况做好组织准备、技术准备、物资准备等工作,使各项施工活动能正常进行。在施工过程中,所有的施工活动都必须严格按有关施工规范进行,以确保工程质量,最后得到质量优良的路基实体。

一、组织准备

开工前的组织准备工作主要是建立健全工程管理机构和施工队

伍,明确各自的施工任务,制定施工过程中必要的规章制度,确定工程应达到的目标等。组织准备是其他准备工作的开始。

二、技术准备

路基施工前的技术准备包括制定施工组织计划、施工测量、施工前的复查与试验及清理施工现场等工作。对于高速公路和一级公路或采用新技术、新工艺及新材料的其他等级公路,除做好上述准备工作外,还应在大规模施工前进行填筑试验,为正式施工提供技术指标。

1.熟悉设计文件

主要是领会文件精神,注意设计文件中所采用的各项技术指标,考虑其技术经济的合理性和施工的可能性。在熟悉文件的过程中,应进行现场核对,如发现问题、错误和与实际不符之处,应按照有关规定及时向监理或设计代表等有关部门提出,及时得到确认或进行相应的变更。

2.编制施工方案,制定施工组织计划

制定路基施工的实施性施工组织计划是路基施工前非常重要的技术准备工作。施工单位应根据设计文件、工程条件、工程量、施工难易程度以及设备、人员、材料供应情况和工期要求等认真编制。所编制的施工组织计划应针对工程实际,科学合理、易于操作,有利于保证工程质量、工程进度、工程投资和工程安全,使路基施工能连续、顺利地进行。

3.技术交底

技术交底是把设计要求、施工方案及措施传达到基层甚至每个工人,这是落实技术责任制的前提。施工前,参加施工的技术人员要进行施工技术和操作规程的技术交底工作。

4.施工测量

开工前应做好施工测量工作,包括导线、中线、水准点复测,检查与补测横断面,校对和增加水准点等工作。施工人员还应对路基工程范围内的地质、水文情况进行详细调查,通过取样、试验确定其性质和范围,了解附近现有建筑及对特殊土的处理方法。

5.施工前的复查与试验

路基施工前,施工技术人员应对路基施工范围内的地质、地形、水文情况等进行详细调查。根据设计文件提供的资料,对取自挖方、借土场、料场的路基填料进行复查和取样试验。用作填料的土应按土工试验规程测定其物理、力学等性质,以试验结果作为判定可否应用的依据。若使用新材料(如工业废料等)填筑路基,除对相应指标进行试验外,还应进行环境保护分析并提出报告,经批准后方可使用。

6.铺筑试验路

高速公路和一级公路、特殊地区公路或采用新技术、新工艺、新材料的路基,在正式施工前,应采取不同的施工方案和施工方法,铺筑试验路并进行相关试验分析,从中选出最佳施工方案和施工方法以指导大面积路基施工。所铺筑的试验路应具有代表性,施工机械和工艺过程要与以后全面施工时相同。通过试验路铺筑可确定不同压实机械及各种填料的最佳含水量,适当的铺筑厚度,相应的碾压遍数,最佳的机械配置和施工组织方法等。

三、物资准备

路基施工要消耗大量的人工、材料和机具,所以开工前应进行所需材料的购进、采集、加工、搬运和储备等工作。同时要检修或购置施工机械,做好施工人员的生活、后勤保障准备,正所谓"兵马未动,粮草先行"。物资准备主要包括:施工临时设施准备、材料准备、施工机械设备准备、实验设备准备等。物资准备是路基施工组织的重要组成部分。

四、场地准备

路基施工前应先办好有关土地的征用、占用手续,依法使用土地。施工单位应协同有关部门事先拆除或迁建路基范围内的既有建筑物、道路、沟渠、通信及电力设施等,对路基附近的危险建筑物应进行适当加固,对文物古迹应妥善保护。

五、临时设施

为了维护施工期间的场内外交通，必须在开工前修筑临时道路，并应保持行驶安全。在施工过程中，如需阻断原有道路时，应事先设置便道、便桥和必要的行车标志，以保证交通不受阻碍。此外，为保证筑路员工的生活、物资器材的存放以及室内加工作业，要修建临时的房屋和工棚；为保证工程用水和生活用水的需要，还要修建临时的给排水设施。

第三节 路堤填筑施工

一、基底的处理

基底处理是保证路堤稳定、坚固的重要措施。在路堤填筑前进行基底处理，能使路堤填土与原地表土密切结合，增加承载力，避免路堤沿基底发生滑动，防止因草皮、树根腐烂而引起的路堤沉陷，保证路堤填筑的质量，保证路堤具有足够的强度和稳定性。对于一般的基底处理，应按下列规定执行。

（1）基底土密实，且地面横坡不陡于1∶10时，经碾压符合要求后，可直接在地面上修筑路堤，但在不填不挖或路堤高度小于1 m的地段，应采用先人工后机械的方法清除树根、草皮等杂物。

（2）地面横坡陡于1∶5时，原地面应挖成台阶，台阶宽度不小于2 m，高度不小于1 m，见图2-1。若地面横坡超过1∶2.5时，外坡脚应进行特殊处理，如修护墙和护脚。

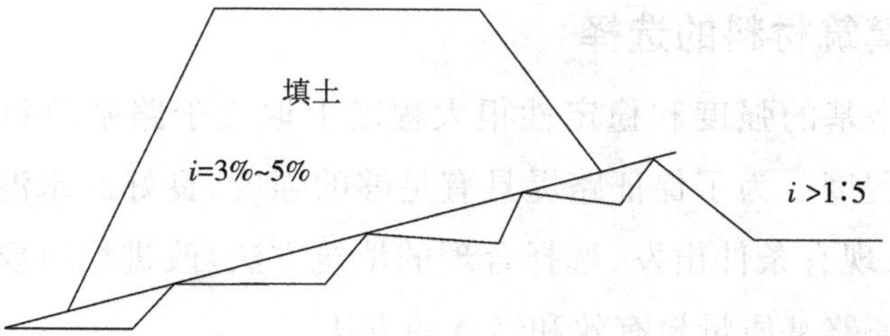

图2-1 坡面处理

(3)基底土为腐殖土,必须用人工或机械将其表层土清除换填,厚度视具体情况而定,一般以不小于30 ㎝为宜。换填后应分层压实,压实度应符合规范要求。

(4)路堤修筑范围内,原地面的坑、洞、基穴等,应用原地的土或砂性土回填,并按规定进行压实。

(5)路基受到地下水影响时,应予以拦截或排除,引地下水至路堤基础范围之外。当路基经过水田、池塘或洼地时,应根据具体情况采用疏干排水、挖除淤泥、打砂桩、抛填片石、砂砾石或石灰(水泥)等措施,以保持基底稳固。

路堤表土清理压实工序见图2–2。

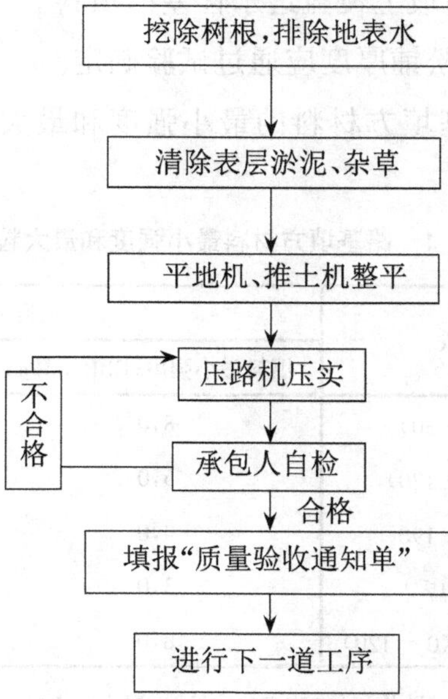

图2–2 表土清理压实工序

二、填筑材料的选择

公路路基的强度和稳定性很大程度上取决于路基填料的性质及其压实的程度。为了保证路堤具有足够的强度、良好的水温稳定性及耐久性，从现有条件出发，选择合理的填筑方法、改进填料要求和压实条件是保证路基质量最有效和经济的方法。

在选择路基的填筑材料时，由于各类用土具有不同的工程性质，应根据不同的土类分别采取不同的工程技术措施，并尽可能选用稳定性良好且具有一定强度的土石作为填料。

《公路路基施工技术规范》(JTG/T 3610—2019)有以下规定：

(1)性质不同的填料，应水平分层、分段填筑，分层压实。同一层路基应采用同一种填料，不得混合填筑。每种填料的填筑层压实后的连续厚度宜不小于500 mm。路基上部宜采用水稳性好或冻胀敏感性小的填料。有地下水的路段或浸水路堤，应填筑水稳性好的填料。

(2)在透水性差的压实层上填筑透水性好的填料前，应在其表面设2%～4%的双向横坡，并采取相应的防水措施。不得在透水性好的填料所填筑的路堤边坡上覆盖透水性差的填料。

(3)每种填料的松铺厚度应通过试验确定。

各级公路的路基填方材料的最小强度和最大粒径一般应符合表2-1的要求。

表2-1　路基填方材料最小强度和最大粒径

路面底面以下深度/cm		项目分类	
		填料最小强度(CBR)/MPa	填料最大粒径/cm
路基	上路床(0～30)	8,0	10
	下路床(30～120)	5,0	10
	上路堤(80～190)	4,0	15
	下路堤(190<)	3,0	15
	零填及挖方路基(0～120)	8,0	10

注：本表列强度按《公路土工试验规程》(JTG E40)对试样浸水96 h的CBR试验方法测定。

黄土、膨胀土及盐渍土的填料强度分别按各自的规定处理。

路基填料中最稳定的填料主要有石质土、砂性土、钢渣、粉煤灰等，这几类材料摩擦系数大、不宜压缩、透水性好，其强度受水的影响很小，是填筑路堤的最佳材料。

一般填土和其他工业废渣，经压实后能够获得足够的强度和稳定性，是较好的、常用的填筑材料。使用时应注意：土中的有机质含量不可超过5%，易溶盐含量不应超标，施工时按规定厚度分层铺设、压实，并控制最佳含水量。

砂土黏结性小，易于松散，对流水冲刷和风蚀的抵抗能力很弱，压实困难。但是经充分压实的砂土路基，则压缩变形小，稳定性好。为了压实砂土路基和提高稳定性，可以用振动法压实，并可适量掺些黏土，以改善级配组成，并应将边坡予以加固，以提高路基的稳固性。

在路基填料中稳定性差的填料主要有高液限黏土、粉质土等，这些填料不宜作为公路路基用土。特殊情况下必须调节含水量并掺入适当的外加剂改良后方可使用。

三、路基填筑方式

路基填土是把选定的路基填料运送到路基上，逐层填起进行铺平并碾压密实的过程。路基的填筑方式可分为水平分层填筑法、纵向分层填筑法、横向填筑法和混合填筑法等，见图2-3。

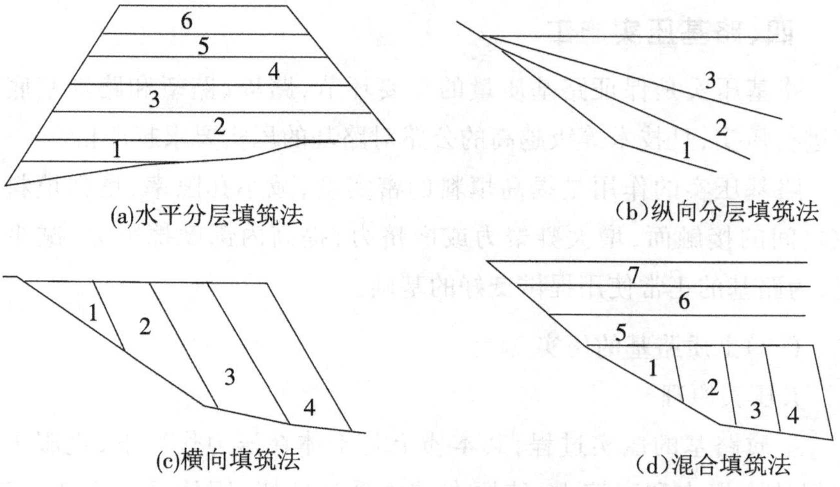

图2-3 路基填筑方法

1. 水平分层填筑法

水平分层填筑时，按照横断面全宽分成水平层次、逐层向上填筑。如原地面不平，应由最低处分层填起，每填一层经压实合格后再填上一层。此法施工操作方便、安全，压实质量容易保证。

2. 纵向分层填筑法

纵向分层填筑适用于推土机或铲运机从路堑取土填筑运距较短的路堤，依纵坡方向分层、逐层推土填筑并碾压密实。原地面纵坡大于12%的地段常用此法施工。

3. 横向填筑法

横向填筑从路基一端按各横断面的全部高度，逐步推进填筑，适用于无法自下而上、分层填土的陡坡、断岩或泥沼地区。此法不易压实，且还有沉陷不均匀的缺点。为此，应采用必要的技术措施，如选用高效能的压实机械（振动压路机）碾压，采用沉陷量较小的砂性土或废石作填料等。

4. 混合填筑法

混合填筑是当公路路线穿过深谷陡坡，尤其是要求上部的压实度标准较高时，施工时下层采用横向填筑，上层采用水平分层填筑，此种方法称为混合填筑法。

四、路基压实施工

路基压实是保证路基质量的重要环节，路堤、路堑和路堤基底均应进行压实，且技术等级越高的公路对路基的压实要求越严格。

路基压实的作用是提高填料的密实度，减小孔隙率，增强填料颗粒之间的接触面，增大凝聚力或嵌挤力，提高内部摩擦阻力，减少形变，为路基的正常使用提供良好的基础。

（一）土质路基的压实

1. 压实原理

土质路基的压实过程，其本质上是土体在压力作用下，克服土颗粒间的内聚力和摩擦力，使原有结构受到破坏，固体颗粒重新排列。大颗粒之间的间隙被小颗粒填充，变成密实状态，达到新的平衡。在压实过程中，土颗粒重新排列，气体被挤出，表现为土壤的体积被压缩。在这个过程中，变化由快到慢，最终趋于结束。而达到一定程度后，再进行压实只能引起弹性变形，而压力过大时，则可能使土壤产生剪切破坏影响土体强度。

2.填土路堤压实施工工序

填土路堤压实施工工序流程见图2-4。

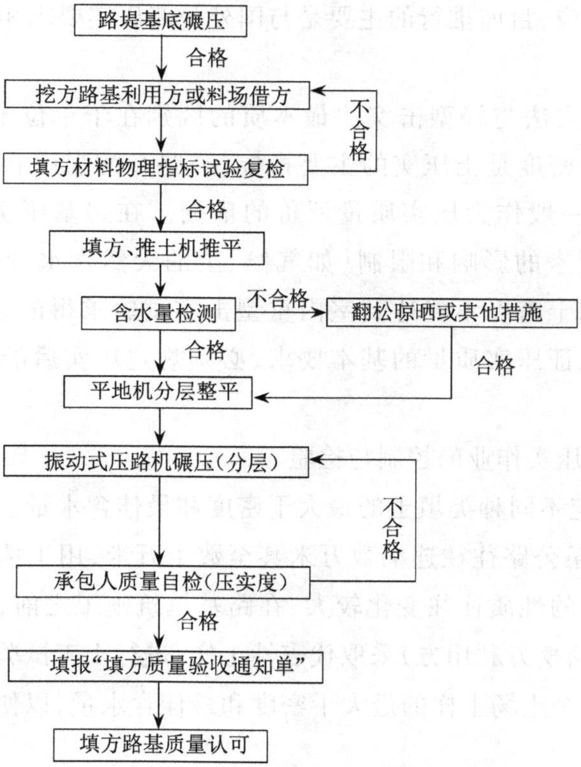

图2-4 填土路堤压实施工工序流程

3.压实标准与碾压控制

1)压实标准

压实标准包括确定标准干密度的方法和所要求的压实度。

路基压实状况通常用压实度来表征，应注意压实度与密实度容易产生概念上的混淆。密实度是指单位体积内固体颗粒排列的紧密程度，即土的固体体积率越大，其干密度也越大，所以有时也用干密度来表示土的密实度，也称理论密实度，但在物理意义上是有区别的。压实度是指压实后，土的干密度与标准的最大干密度之比，用百分率表示，亦称干密度系数，或相对密实度。标准的最大干密度是指用标准击实试验方法，在最佳含水量条件下得到的干密度。

关于标准干密度的确定方法，过去沿用的“标准击实试验”是一种轻型击实试验方法，其试验结果较陈旧，与现代化施工机械能力和车辆载荷不适应，目前推行的主要是与国外公路压实要求相同的重型击实试验法。

重型击实法与轻型击实法最本质的区别在于单位击实功不同。土的最大干密度是土压实的主要指标，与路基的强度和稳定性有密切的关系，一般作为压实质量评价的依据。在路基压实施工中，由于受各种因素的影响和限制（如气候、土的天然含水量等），所施工的路基实际干密度不能达到室内重型击实试验求得的最大干密度，但是为了保证压实质量的基本要求，必须规定压实后的土基压实度范围。

2）路基压实作业的控制与检验

（1）确定不同种类填土的最大干密度和最佳含水量。公路为带状构造物，一条公路往往连绵数万米甚至数十万米，用于填挖路基沿线的土石材料的性质往往变化较大，在路基填筑施工之前，必须对主要取土场（包括挖方利用方）采取代表性土样，进行土工试验。用规定的方法求得各个土场土样的最大干密度和最佳含水量，以便指导路基的压实施工。

（2）检查控制填土含水量。由于含水量是影响路基——土压实效果的主要因素，故需检测欲填入路基中的土的含水量 W，当 W 接近最佳含水量 W_0 时，填筑碾压的质量才有保证。当 $W > W_0$ 时，表明土中含水量过大，碾压时容易起“弹簧”，应将土晾干或换一些土。当 $W < W_0$ 时，说明土太干，难以达到要求的压实度，应适当洒水再碾压，其加水量按下式计算：

$$m_1=(W_0-W)\frac{m_2}{1+W}$$

式中:m_1——所需加水质量,kg;

m_2——需要加水的土的质量,kg;

W——填土原有的含水量,以小数计;

W_0——填土的最佳含水量,以小数计。

3)正确选择和使用压实机械

压实机械的类型和数量选择是否恰当,直接关系到压实质量和工效。选择时应综合考虑以下几点:

(1)土的性质、状态。不同的压实机械对不同土质的压实效果不同。如对砂性土,以振动式机械压实效果最好,夯击式次之,碾压式较差;对黏性土,则以碾压式和夯击式机械压实效果较好,而振动式较差甚至无效。压实机械的单位压力不应超过土的强度极限,否则会立即引起土基破坏。选择机械时,还应考虑土的状态及对压实度的要求。一般来说,土的含水量小,压实度要求高,应选择重型机械,反之可选轻型机械。

(2)压实工作面。当工作面较大时,可采用碾压机械;当工作面较狭窄时宜用夯实机械。

(3)机械的技术特性与生产率。选择机械类型和确定机械数量,应考虑与其他工序的配合,使机械的生产能力相互适应。

为了能以尽可能小的压实功获得良好的压实效果,在压实机械的使用上应注意以下两点:

(1)压实机械应先轻后重,以便适应逐渐增长的土基强度。

(2)碾压速度宜先慢后快,以免松土被机械推走,形成不适宜的结构,影响压实质量。尤其是黏性土,高速碾压时,压实效果明显下降。通常压路机进行路基压实作业时,行驶速度在4 km/h以内为宜。

在路基土的压实过程中,除了运用不同性能的各种专用压实机械外,还应特别注意尽可能利用其他施工机械和运输车辆进行分层压实,有计划、有组织地利用运土车辆碾压填方土料。施工中要注意采用合理的技术措施,一般应控制填土厚度不大于0.30 m,并用推土机或平地机细致平土,控制合适的含水量。同时,还要在机械的运行线路上使各次行程能大体均匀分布到填土土层表面，保证土层表面全部被压到。

4)分层填筑、分层碾压

(1)分层填筑。一方面要把握每层填土厚度的大小。填土层厚度过大，其下部不能获得要求的压实度；填土层厚度过小，会影响工作效率和经济效益。一般认为，对于细粒土，用12～15 t光轮压路机时，压实厚度不得超过25 cm；用22～25 t振动压路机时(包括液压振动)，压实厚度不超过60 cm。另一方面，每层填土应平整，应自中线向两边设置2%～4%的横向坡度，且及时碾压，雨季施工时更应注意。

(2)分层碾压。碾压前应对填土层的松铺厚度、平整度和含水量进行检查，符合要求后方可进行碾压。分层碾压的关键是控制碾压遍数。在有条件的情况下，可通过试验性施工来确定达到设计密实度所需的碾压遍数。

在施工中，当含水量为最佳含水量时，还可采用下列经验：对低黏质土压实所需的碾压遍数平均为4～6遍；对黏质土压实所需的碾压遍数平均为10～12遍。一般碾压遍数宜控制在10遍以内，否则应考虑减少填土层厚。经压实度检验合格后方可转入下道工序，不合格处应进行补压后再检验，直到合格为止。

5)加强质量检查

(1)填方地段基底。路堤填筑前应对基底进行压实。高速公路、一级公路和二级公路路堤基底的压实度不应小于85%，当路堤填土高度小于路床厚度(80 cm)时，基底的压实度不宜小于路床的压实度标准。

(2)路堤。每一压实层均应检验压实度，合格后方可填筑其上一层，否则应查明原因，采取措施进行补压。检验频率为每2000 m^2检验8点，不足2000 m^2时，至少应检验8点，必要时可根据需要增加检验点，且每点都必须符合规定值。

路床顶面压实完成后，还应根据《公路路基设计规范》(JTG D30—2015)进行弯沉值检验。

(3)路堑路床。零填及路堑路床的压实应符合其压实标准的规定。换填超过3 m时，按90%的压实标准控制。

(4)桥涵处填土。桥台背后、涵洞两侧与顶部、锥坡背后的填土均应分层压实，分层检查。检查频率为每50 ㎡检验1点，不足50 ㎡时至少检验1点，每点都应合格，每一压实层松铺厚度不宜超过20 ㎝。高速公路和一级公路的桥台、涵身背后和涵洞顶部的填土压实度，从填土基底或涵洞顶部至路床顶面均为95%，其他公路为93%，以确保不因密实度不足而产生错台，影响行车速度与安全。

桥涵处填土的压实采用小型的手扶振动夯或手扶振动压路机，但涵顶填土50 ㎝内的，应采用轻型静载压路机压实，以达到规定的压实度为准。

(二)填石路堤、土石混填路堤及高填方路堤的压实

1.填石路堤

1)填料要求

填石路堤的石料来源主要是路堑和隧道爆破后的石料，要求石料强度不低于15 MPa(用于护坡的石料强度不低于20 MPa)。最大粒径不宜超过层厚的2/3。在高速公路及一级公路填石路堤路床顶面以下50 ㎝范围内，填料最大粒径不得大于10 ㎝；其他等级公路填石路堤，路床顶面以下30 ㎝范围内，填料最大粒径不应大于15 ㎝。

2)填筑方法

填石路堤的填筑方法有倾填(含抛填)法和分层填筑、分层压实法两种。

倾填法又可分为两种情况：一种是石块从岩面爆破后直接散落在准备填筑的路堤内；另一种是用推土机或自卸汽车将石块移入路堤。填石路堤倾填前，路堤坡脚应用粒径大于30 ㎝的硬质石料码砌，码砌厚度为1～2 m。高速公路、一级公路和铺设高等级路面的其他等级公路的填石路堤不宜采用倾填法施工，而应采用分层填筑、分层压实的方法。

分层填筑、分层压实法又可分为机械作业和人工作业两种方法。

(1)机械作业分层施工时，高速公路及一级公路分层松铺厚度不宜大于30 ㎝，其他公路不宜大于50 ㎝。施工中应安排好石料运行路线，由专人指挥，按水平分层，先低后高、先两侧后中央的顺序卸料，并用大型推土机推平，个别不平处应配合人工用细石块、石屑找平。如果石块级配差，粒径较大，填层较厚，石块间的间隙较大时，可向每层表面的空隙里扫入石渣、石屑、中砂、粗砂，再以高压水将砂冲入下部，反复数次，使空隙填满。

(2)人工摊铺、填筑填石路堤。当填铺粒径25 cm以上石料时，应先填铺大块石料，大面向下，小面向上，摆平放稳，再用小石块找平，以石屑塞填，最后压实；填铺粒径25 cm以下石料时，可直接分层摊铺，分层压实。

3)压实标准

填石路堤不能用土质路基的压实度来判定路基的密实程度，其判定方法目前国内外尚无统一规定。国外填石路堤曾采用在振动压路机的驾驶台上装设的压实计显示的计数值来判定是否达到要求的紧密程度，但无定量值的规定，且只限于设有此种装置的压路机。我国现行《公路路基施工技术规范》(JTG/T 3610—2019)规定的压实标准为：在规定深度范围内，以不小于18 t的振动压路机压实，当压实层顶稳定、不再下沉(无轮迹)时，可判为达到密实状态。

4)压实方法及检查

填石路堤填料石块本身是密实不能压缩的，压实工作是使各石块间松散接触状态变为紧密咬合状态。由于石块粒径较大、质量较大，必须选择工作质量不小于18 t以上的重型振动压路机，工作质量在2.5 t以上的夯锤或25 t以上的轮胎压路机压实，才能达到规定的密实状态。

填石路堤应先压两侧后压中间，压实路线对于轮碾应呈纵向，每次压实路线互相平行，反复碾压。夯锤的压实路线应成弧形，当夯实密实程度达到要求后，再向后移动一夯锤位置，行与行之间应重叠40 ~ 50 cm，前后相邻区段应重叠1.0 ~ 1.5 m，其余注意事项与土质路基压实相同。

填石路堤使用各种压实机具时的注意事项与压实填土路基相同，而填石路堤压实到所要求的紧密程度所需的碾压或夯压的遍数应经试验确定。采用重锤夯实时，若重锤下落时不下沉而发生弹跳现象，可进行压实度检验。

填石路堤顶面至路床顶面 30 ~ 50 cm(高速公路、一级公路为 50 cm,其他公路为 30 cm)范围内应填筑符合路床要求的土,并按要求进行压实。

2. 土石混填路堤

土石混填路堤的压实方法与技术要求应根据混合料中巨粒土(粒径大于 200 mm 的颗粒)的含量多少确定。当混合料中巨粒土含量大于 70% 时,其压实作业接近于填石路堤,应按填石路堤的方法和要求进行;当混合料中巨粒土的含量在 50% ~ 70% 时,其压实作业视具体情况选用压实方法;当混合料中巨粒土含量低于 50% 时,其压实作业接近于填土路堤,应按前述填土路堤的方法和要求进行。

土石混填路堤的压实度可采用灌砂法或水袋法检测。其标准干容重应根据每一种填料的不同和含石量的最大干容重做出标准干容重曲线,然后根据试坑挖取试样的含石量,从标准干容重曲线上查出对应的标准干容重。当采用灌砂法或水袋法检验有困难时,可根据填石路堤的方法进行检验,即通过不小于 18 t 的振动压路机压实试验,当压实层顶面稳定,不再下沉(无轮迹)时,可判定为密实状态。

如果几种填料混合填筑,则应从试坑挖取的试样中计算各种填料的比例,利用混合料中几种填料的标准干容重曲线查得对应的标准干密度,用加权平均的计算方法计算所挖试坑的标准干密度。

3. 高填方路堤

高填方路堤的基底承受路堤土本身的荷载很大,所以对基底应进行场地清理,并按照设计要求的基底承压强度进行压实。设计无要求时,基底的压实度不应小于 90%。当地基松软,仅依靠对厚土压实不能满足设计要求的承压强度时,应进行地基加固处理,以达到设计要求;当基底处于陡峻的山坡上或谷底时,应作挖台阶处理,并严格分层填筑压实;当场地狭窄时,压实工作应采用小型的手扶式振动压路机或振动夯进行;当场地较宽广时,应采用自行式 12 t 以上的振动压路机压实。

第四节 路堑开挖施工

路堑开挖是路基施工中工程量最大、最普遍的施工内容，需要多种机械进行施工，并发挥各机械的优势。所以，路堑开挖主要采用机械化施工。

一、路堑开挖施工的特点

从作业程序上说，路堑施工较为简单，就是按一定要求把土挖掘并搬运到弃土地点，不像路堤填筑有材料选择、分层碾压密实等问题存在。然而从施工经验和公路使用的角度看，路基发生的问题，却大多出现在路堑上。因此，在路堑施工中，对采取的作业方式、开挖步骤、弃土位置等应予以充分重视，进行全面规划，保证较高的质量和效率。一般路基开挖作业时应注意以下几点：

(1)由于水是引发路堑各种问题的主要原因，所以无论采用何种方式开挖，均应保证开挖过程中及竣工后的有效排水。施工时均应先开挖截水沟，并设法引走一切可能影响边坡稳定的地面水和地下水。

(2)开挖时应按横断面自上而下且依照设计边坡逐层开挖。切不可逆转施工，否则可能会引起滑坡。

(3)在地质不良拟设挡土墙的路堑中，路堑应分段挖掘，同时采用修筑挡土墙或其他防护设施的方法为宜，以保证安全。

(4)路堑弃土应按要求，整齐地堆放在路基一侧或两侧。弃土堆内坡角(靠路堑一侧)至路堑边坡顶端距离不得小于一定限度。

(5)松软土地带或其他不符合要求的土质地段，要采取各种稳定处理措施，并注意地下水的上升，根据需要设置排水盲沟。

二、土质路堑开挖施工

(一)开挖方法的确定

路堑开挖是将路基范围内设计标高之上的天然土体挖除并运到填方地段或其他指定地点的施工活动。开挖路堑将破坏土体原有的平衡状态，故开挖时保证挖方边坡的稳定性十分重要。深长路堑往往工程量巨大，开挖作业面狭窄，常常是一段路基施工进度的控制性工程。因此，应因地制宜，以加快施工进度、保证工程质量和施工安全为原则，综合考虑工程量大小、路堑深度与长度、开挖作业面大小、地形与地质情况、土石方调配方案、机械设备等因素，制定切实可行的开挖方式。根据路堑深度和纵向长度，开挖时可按横挖法、纵挖法或混合式开挖法进行。

（二）开挖方法

1. 横挖法

横挖法是从路堑的一端或两端在横断面全宽范围内向前开挖的方法，主要适用于短而浅的路堑。路堑深度不大时，一次挖到设计标高的开挖方式称为单层横挖法。若路堑较深，为增加作业面，以便容纳较多的施工机械，形成多向出土以加快工程进度，而在不同高度上分成几个台阶同时开挖的方式称为多层横挖法。多层横挖法各施工层面具有独立的出土通道和临时排水设施。用人工按多层横挖法开挖路堑时，所开设的施工台阶高度应符合安全施工要求，一般为1.5～2.0 m；若采用机械开挖路堑，每层台阶高度为3～4 m。当运输距离较近时采用推土机进行开挖；运输距离较远时宜采用挖掘机配合自卸汽车进行开挖，或用推土机推土堆积，再用装载机配合自卸汽车运土。开挖时应配合平地机或人工分层修刮、整平边坡。

2. 纵挖法

纵挖法是开挖时沿路堑纵向将开挖深度内的土体分成厚度不大的土层依次开挖的方法，分为分层纵挖法和通道纵挖法两种。

分层纵挖法适用于路堑宽度和深度均不大的情况，在路堑纵断面全范围内纵向分层挖掘。当开挖地段地面横坡较陡、开挖长度较短（不超过100 m）且开挖深度不大于3 m时，宜采用推土机作业。当挖掘的路堑较长（超过1000 m）时，宜采用铲运机或铲运机加推土机助铲作业。

通道纵挖法适用于路堑较长、较宽、较深而两端地面坡度较小的情况。开挖时先沿纵向分层，每层先挖出一条通道作为机械运行和出土的路线，然后开挖通道两旁。

如果所开挖的路堑很长，可在路堑适当位置将路堑横向挖穿，把路堑分为几段，各段再采用纵向开挖的方式作业，这种挖掘路堑的方法称为分段挖掘法。分段挖掘法可以增加施工作业面，减少作业面之间的干扰并增加出料口，从而大大提高工效，适用于傍山的深长路堑开挖。

3.混合式开挖法

混合式开挖法是将横挖法与纵挖法混合使用。开挖时先沿路堑纵向开挖通道，然后从通道开始沿横向坡面挖掘，以增加开挖坡面。每一开挖坡面能容纳一个施工作业组或一台机械。在挖方量较大地段，还可沿横向再挖掘通道以安装运土传送设备或布置运土车辆。这种方法适用于路堑纵向长度和深度都很大的地段。

土方开挖不论开挖工程量和开挖深度大小，均应自上而下进行，不得乱挖、超挖，严禁掏洞取土。在不影响边坡稳定的情况下采用爆破施工时，应经过设计审批。在开挖过程中土质发生变化时，应及时修改施工方案和边坡坡度。对于已经开挖的适于种植草皮和有其他用途的土，应储备利用。严禁在岩溶漏斗处、暗河口处、贴近桥墩台处弃土。

三、石质路堑开挖施工

（一）施工方法的选择

由于岩石坚硬，石质路堑开挖往往比较困难，这对路基的施工进度影响很大，尤其是工程量很大且集中的山区石方路堑更是如此。因此，开挖方法对施工进度有着决定性的影响。通常选择施工方法时，应根据岩石类别、风化程度、节理发育程度、施工条件及工程量大小等选择爆破法、松土法或破碎法进行开挖。

（二）施工方法

1.爆破法开挖

爆破法是利用炸药爆炸的能量将土石炸碎以利于开挖运输或借助于爆炸能量将土石移到预定位置。用这种方法开挖路堑具有工效高、速度快、劳动力消耗少、施工成本低等特点。对于岩质坚硬，不易用人工或施工机械开挖的石质路堑，通常要用爆破法开挖。爆破后再用机械清方，这是非常有效的路堑开挖方法。

根据炸药用量的多少，爆破法分为中小型爆破开挖和大爆破开挖，其中使用频率最高的是中小型爆破开挖，大爆破的应用通常受到诸多因素的影响。例如，在开挖山岭地带的石方路堑时，如果岩层不太破碎，路堑较深且路线通过突出的山嘴时，采用大爆破开挖可有效提高施工效率；如果路堑位于页岩、片岩、砂岩、砾岩等非整体性岩石上时，则不宜用大爆破开挖。尤其是路堑位于岩石倾斜朝向路线且有砂岩、黏土层的软弱地段及易坍塌的堆积层时，禁止采用大爆破开挖，以免对路基的稳定性造成危害。

石方需用爆破法开挖的路段，如空中有缆线，应查明其平面位置和高度；还应调查地下有无管线，如果有管线，应查明其平面位置和埋设深度；同时应调查开挖边界线外的建筑物结构类型、完好程度、距开挖边界的距离等，然后制定爆破方案。任何爆破方案的制定，必须确保空中缆线、地下管线和施工区边界处建筑物的安全。进行爆破作业时必须由经过专业培训并取得爆破证书的专业人员施爆。土质深挖路堑无论是单边坡或双边坡，均应按照有关规范的规定开挖，靠近边坡 3 m 以内禁止采用爆破法施工。在距边坡 3 m 以外准备采用爆破法施工时，应进行缜密设计，防止炸药量过多，并报请有关部门批准。

2. 松土法开挖

松土法开挖充分利用岩体的各种裂缝和结构面，先用推土机牵引松土器将岩体翻松，再用推土机或装载机与自卸汽车配合将翻松的岩块搬运到指定的地点。松土法开挖避免了爆破作业的危险性，而且有利于挖方边坡的稳定和附近建筑设施的安全。凡能用松土法开挖的石方路堑，应尽量不采用爆破施工法。随着大功率施工机械的使用，松土法越来越多地应用于石质路堑的开挖，而且开挖的效率越来越高，也使用松土法施工的范围越来越广。

松土法施工的效率与岩石破裂面情况及风化程度有关。岩体被破碎岩石分割成较大的块体时，松开效率高。当岩体已裂开成为小块石或呈粒状时，松土只能劈成沟槽，松开效率低。砂岩、石灰岩、页岩等沉积岩有沉积层面，是比较容易松开的岩石。沉积层越薄，松动越容易。片麻石、片岩、石英岩等变质岩的松动要根据其破裂面的发育情况而定。花岗岩、玄武岩、安山岩等岩浆岩不成层状或带状，松动比较困难。坚硬完整的岩石难翻松，可进行适当的浅孔松动爆破，再进行松土作业。松土施工所采用的松土器分为单齿松土器和多齿松土器两种。

3.破碎法开挖

破碎法开挖是利用破碎机凿碎岩块，然后进行挖运作业。这种方法是将凿子安装在推土机或挖土机上，利用活塞的冲击作用使凿子产生冲击力以凿碎岩石，其破碎岩石的能力取决于活塞的大小。破碎法主要用于岩体裂缝较多、岩块体积小、抗压强度低于100 MPa的岩石。由于开挖效率不高，破碎法开挖只能用于爆破法开挖和松土法开挖不能使用的局部场合，作为那两种方法的辅助作业方式。

第五节 路基排水施工

水是造成路基及其沿线构造物病害的主要原因。危害路基的水可分为地面水和地下水两大类。路基排水的目的在于确保路基始终处于干燥、坚实和稳定状态。其任务就是将路基范围内的土基湿度降低到一定的范围。

一、地面排水设施施工

排除地面水的各种设施应充分考虑多方面进入路基范围的水，包括因降雨、降雪以及从公路附近地区流向道路范围的水流，还包括路堑边坡排水和农田横跨道路的排水工程，由此来确定排水设施的排水能力。地面排水设施主要有边沟、截水沟、排水沟、跌水、急流槽、蒸发池、拦水带、渡槽、倒虹吸等。

(一)边沟

设置在挖方路基的路肩外侧或低路堤路基的坡脚外侧，用以汇集和排除路基范围内和流向路基的少量地面水的沟槽称为边沟。挖方地段和填土高度小于边沟深度的填方地段均应设置边沟,一般土质边沟宜采用梯形,矮路堤或机械化施工时可采用三角形,在场地宽度受到限制时,可用石砌矩形。石质路堑边沟可做成矩形,积雪、积砂路段边沟宜做成流线型。

一般情况下,边沟不宜与其他沟渠合并使用。为控制边沟中的水不致过多,一般每隔300~500 m(特殊情况200 m)设一道排水涵,以便及时将边沟水排至路基范围之外。边沟的沟底纵坡与路线纵坡相同,不宜小于0.2%,以免水流阻滞淤塞边沟。当沟底纵坡大于3%时,应对边坡进行加固;当纵坡超过6%时,水流速度大而冲刷严重,可采用跌水或急流槽的形式缓冲水流。另外,在设置超高的平曲线区段内,挖方地段路基内侧标高的改变,可能形成边沟积水,危害路基,因此应注意使平曲线边沟沟底与平曲线前后沟底平顺衔接。

边沟的出水口必须进行处理。在路堑与路堤结合处,边沟沟底纵坡一般较陡,当边沟底与填土坡脚高差较大时,应结合地形与地质等具体条件采取以下两方面措施:

(1)设置排水沟,将路堑边沟水沿出口处的山坡引向路基范围以外,使之不致冲刷填方边坡;自边沟与填方毗连处设跌水或急流槽,将水流直接引到填方坡脚之外。

(2)当边沟的出口与桥涵的高差较大时,为避免边沟流水冲刷,应作如下处理:在涵洞进口处设置雨水井,或根据地形需要,在进口前设置急流槽与跌水等构造物,将水流引入涵洞;在桥头翼墙或挡土墙后端设置急流槽或跌水,将水引入河道。

(二)截水沟

截水沟又称天沟,是设置在挖方路基边坡坡顶以外或山坡路堤的上方,垂直于水流方向,用以截引路基上方流向路基的地面径流的排水设施。截水沟可以防止地表径流冲刷和侵蚀挖方边坡及路堤坡脚,并减轻边沟的泄水负担。

截水沟的断面形状一般为梯形,底宽不应小于0.5 m,深度应根据拦截的水流量确定，不宜小于0.5 m。边坡坡度视土质而定，一般可取1∶1.5～1∶1。

截水沟离路堑边坡坡顶的距离d视土质不同而异，以不影响路堑边坡稳定为原则，一般取$d\geqslant 5$ m。截水沟与路堑之间还要堆筑挡土土台。

山坡路堤上方的截水沟，应布置在路堤坡脚以外2 m处，截水沟与路堤之间修筑护坡道，顶面以2%的横坡向截水沟倾斜，如有取土坑，则在坑内挖沟，并加以修整。

截水沟应设有合适的纵坡度，沟底纵坡不应小于0.3%，亦不可太大（大于3%），以免水流冲刷严重，一般取用1%～2%。对土质地段截水沟，还应适当加固，以保证不渗水和冲刷。截水沟处应综合利用地形，合理布置，若因地形限制，附近又无出水口时，可分段考虑。中部以急流槽衔接，若由于地形限制，汇水量大，将截水沟引至自然沟或路堤地段有困难，引入边沟又将过大增加路基挖方时，则应综合考虑，可在挖方较低处增设急流槽或涵洞，直接将水引至路基的另一侧，排至路基范围以外。

（三）排水沟

设置排水沟的目的在于将水流从路基排至路基范围以外的低洼处或排水设施中。在平丘区，当原有地面沟渠蜿蜒曲折，并且影响路基稳定时，可用排水沟来改善沟渠线路。有时为了减少涵洞数量，也使用排水沟来合并沟渠。

排水沟一般为梯形断面，底宽不小于0.5 m，深度根据流量而定，但不宜小于0.5 m。边坡坡度视土质而定，一般可取1∶1.5～1∶1。排水沟应尽量做成直线，如必须转弯时，其半径不宜小于10～20 m。水沟长度按实际需要而定，通常不宜大于500 m。当排水沟中的水流入河道或沟渠时，应使原水道不产生冲刷或淤积。

一般应使排水沟与原水道水流方向成锐角相交，并尽量小于45°，保证汇流处水流顺畅。如限于地形，锐角连接有困难时，可用半径$R=10b$的圆弧线形（弧长等于1/4圆周，b为排水沟顶宽）。

(四)急流槽与跌水

在陡坡或深沟地段设置的坡度较陡、水流不离开槽底的沟槽称为急流槽。其作用是将上下游水位差较大的水流引至桥涵进口或路基下方。急流槽可由浆砌片石或水泥混凝土铺筑成矩形或梯形断面。浆砌片石急流槽的底厚为20～40 cm,施工时做成粗糙面,壁厚30～40 cm,底宽至少应为25 cm,槽顶与两侧斜坡面平齐,槽底每隔2.5～5 m设一凸榫,嵌入坡面土体内30～50 cm,以防止槽身顺坡面下滑。若急流槽较长时,应分段砌筑,每段长度不宜超过5～10 m,预留伸缩缝,接头处用防水材料填缝。

设置于需要排水的高差较大而距离较短或坡度陡峻的地段的阶梯形构筑物称为跌水,其作用主要是降低流速和消减水的能量。跌水有单级和多级之分。跌水可带消力池,也可不带消力池,不带消力池的跌水,台阶高度为30～40 cm,高度与长度之比应与原地面坡度吻合;带消力池的跌水,单级跌水墙的高度为1 m左右,消力墙的高度宜为0.5 m,消力池台面设2%～3%的外倾纵坡,消力墙顶宽不宜小于0.4 m,墙底设泄水孔。跌水的槽身结构与急流槽相同。

跌水和急流槽均为人工排水沟渠的特殊形式,两者既可单独使用,也可与其他排水构造物联合使用,形成完整的排水系统(见图2–5)。

从水力计算特点出发,跌水和急流槽的构造分为进水、缓冲、出水三部分。跌水和急流槽一般采用石砌或混凝土筑成,要求牢固、不渗水。

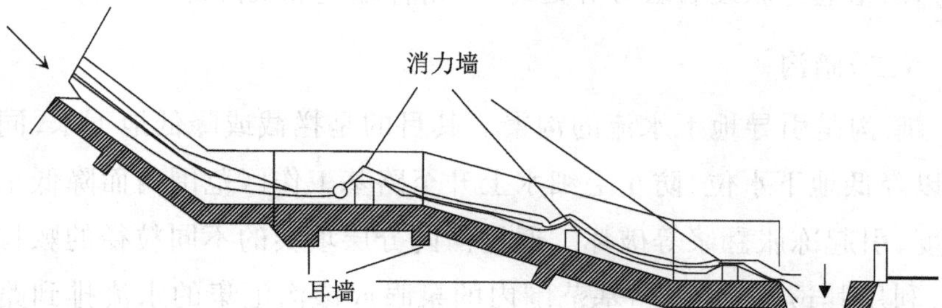

图2–5 跌水与急流槽

(五)蒸发池

路线穿越平坦地形,地面排水困难,无法把地面水排走时,可在距离路基适当的地方设置蒸发池,引水入池,依靠自然蒸发或下渗将水排除。蒸发池到路基坡脚的距离不宜小于5～10 m,池的容积按汇水流量决定,深度可达1.5～2.0 m。

二、地下排水设施施工

拦截、汇集和排除地下水,或降低地下水位,使路基免遭破坏的结构物,称为地下排水设施。公路上常用的地下排水设施有明沟与排水槽、暗沟、渗井和渗沟等。

(一)明沟与排水槽

当地下水位高、潜水层埋藏不深时,可采用明沟或排水槽截流排除浅层地下水及降低地下水位,也可兼排地面水。明沟或排水槽必须深入潜水层,且不宜在寒冷地区采用。明沟断面一般采用梯形,边坡采用1∶1.5～1∶1。明沟边坡一般应以干砌片石加固,并设反滤层以使水流渗入明沟,明沟纵坡宜适当加大,保证水流及时排出。

排水槽一般为矩形,可用混凝土、干砌或浆砌片石筑成,槽底纵坡不应小于3%。当用混凝土或浆砌时,应视地下水流量及槽深设置一排或多排渗水孔,外侧填以粗颗粒透水材料。沿沟槽每隔10～15 m,或当沟槽通过软硬岩层分界处时,应留伸缩缝和沉降缝。

(二)暗沟

暗沟是引导地下水流的沟渠。其目的是拦截或降低地下水,同时可以降低地下水位,防止毛细水上升至路基工作区范围内而降低土的强度,引起冻胀翻浆等破坏。通过沟内分层填实的不同粒径的颗粒材料,利用其透水性,将路基范围内的泉眼或渗沟汇集的水流排到路基范围以外。

暗沟的断面一般为矩形,亦可成上宽下窄的梯形,底宽为0.3～0.5 m,

高度为1.0~1.5 m。沟内下部填石粒径为3~5 cm,水可在缝隙中流动。为防止细料堵塞缝隙,粗粒径石块的上部和两侧分层填入较细料,每层厚约为10 cm。暗沟的顶面和底面一般设有0.3 m厚的隔水层。

(三)渗井

当平坦地区如路基附近无河流、沟渠或洼地,地面水或浅层地下水无法排除,影响路基稳定,而距地面不深处又有透水层,地下水背离路基,同时地面水流量不大时,可设置渗井。

(四)渗沟

渗沟是一种常见的地下排水设施。其作用是切断、拦截有害的含水层和降低地下水位,保证路基经常处于干燥状态。渗沟按构造形式不同可分为填石渗沟、管式渗沟和洞式渗沟三种。

填石渗沟也称盲沟,一般用于流量不大、渗沟不长的路段,是目前公路上常用的一种渗沟。填石渗沟施工时应防止淤塞失效,由于排水层阻力较大,其纵坡不应小于1%,一般可采用5%,深度不超过3 m,宽度一般为0.7~1.0 m。

管式渗沟设于地下引水较长的地段。当渗沟过长时,应加设横向泄水管,将纵向渗沟内的水流分段迅速排除。沟底纵坡取决于设计流速,最大流速应考虑到水管的构造及其使用寿命,且不致冲毁管下垫衬材料,一般以不大于1.0 m/s为宜,亦不应低于最小流速,最小纵坡为0.5%,以免淤塞。

在施工中,必须注意以下问题:

(1)渗沟的布置应尽可能与地下水流向互相垂直。

(2)渗沟的横宽一般视埋藏深度、排水要求、施工和维修便利而定。

(3)汇集水流时,为防止含水层中砂、土挤入渗沟,应设反滤层。

(4)渗沟的施工与暗沟一样,宜由下游向上游施工,并应随挖随撑随填。

(5)为了核查、维修渗沟方便,宜设置检查井。

第六节 特殊路基施工

一、杂填土路基施工

(一)施工难点

杂填土形成原因具有一定的自身特点:一是杂填土自重密度变形大,内空隙大、松散度高,属于欠压密土,具有很强的压缩性,在正常状态下除了受到荷载产生下沉外,自身也具有一定的自重压力下沉问题;二是杂填土的强度低,成分较为复杂,由于形成时间各不相同,可能部分土壤未受到压密或者碾压处理,结构强度无法达到施工要求。杂填土内部成分较为复杂,性质不均匀,不同的组成部分之间差异性较大,这种多样化的组成对土壤性质产生影响,无法采用基本的路基处理方法进行处理。

(二)施工方法选择

杂填土处理主要包括注浆加固、挤密桩法、强夯、换填等方法。在选择处理方法的过程中除了要考虑道路自身结构、荷载特点、杂填土深度、周边情况等因素,还要考虑本地区的水文地质、气候条件。

(三)高温多雨地区高速公路大规模深层堆积杂填土基础处理施工工法

高温多雨地区的大规模深层堆积杂填土基础的处理更是重中之重。多雨地区由于降水量大,跨度时间长,雨水下渗,对路基施工的负面影响十分明显。而高温情况下雨水下渗又会加快深层杂填土中的垃圾杂质的腐化,造成地基不均匀沉降,影响路基的质量,延缓施工进度。目前国内对于大夯击能作用下处理深层杂填土路基可借鉴工程案例较少。

通过对大规模深层堆积杂填土基础处理技术研究,总结出强夯置换对建筑、生活垃圾等的地基处理的适用性,形成一套完备的施工工艺和控制标准。

目前用强夯置换法加固处理地基在公路、工业厂房、电站、机场、码头等大型建设项目中应用甚广。由于不同地区地基地质条件差异性较大，也导致了完全套用相关参数可能性较小，但针对类似地基处理经验可参考借鉴，所以在进行大面积强夯施工前必须进行试验，以确定各项参数。

1. 工艺原理

强夯置换法是指将重锤提到高处使其自由落下形成夯坑，并不断夯击坑内回填的砂石等粗颗粒材料，使其形成连续密实的强夯置换墩，与周围混有砂石的夯间土形成复合地基。经强夯置换法处理，对被加固土体主要产生三个方面的作用：第一，直接位于锤底面下的土，承受到锤底的巨大重击压力，使土体积压缩并急速向下推移，在夯坑底面以下形成一个压密体，其密度大大提高。第二，位于锤体侧边的土，瞬间受到锤底边缘的巨大冲切力而发生竖向的剪切破坏，形成一个近乎直壁的圆柱形深坑，有利于软土的固结。第三，锤体下落冲压和冲切土体形成夯坑的同时，还产生强烈震动，以三种震波的形式向土体深处传播，基于多种机理（震动液化、排水固结和震动挤密）的联合作用，使置换体周围的土体也得到加固。

2. 施工方法特点

强夯置换法即采用边夯击、边回填粒径不大于50 cm石料的方法在杂填土中形成碎石墩体，由碎石墩、墩间杂填土以及碎石垫层形成复合地基，以提高承载力，减小沉降。根据不同杂填层，优选最佳夯击能、最佳夯击数、夯坑间距、间隔周期、地面变形量等参数。通过试验检测确定出对应类似杂填土地基大夯击能作用下有效处理深度以及单击夯击能计算公式中的修整系数取值。

3. 施工工艺流程及操作要点

1）施工设计参数确定

（1）单击夯击能确定。强夯置换需要将杂填土挤向四周而将填筑材料挤至杂填土底层，因而其单击能量大于普通的强夯加固能量，单击夯击能采用梅那公式(Menard 公式)估算,但国内外大量工程实践结果表明,按 Menard 公式计算加固深度偏大很多,需经修正才能符合实际加固深度,即采取如下公式确定单击夯击量。

$$H = \alpha\sqrt{M \cdot h}$$

式中:H——有效加固深度,m;

M——夯锤重,t;

h——落距,m;

α——修正系数。

经查,王成华收集整理了我国40项强夯工程和试验实测的 Menard 公式修正系数的值,修正系数 α 的范围在 0.2 ~ 0.95,其中 α 在 0.4 ~ 0.7 的频数约为 80%。

(2)夯点间距确定。强夯置换的夯点间距根据强夯抛填体实测应力扩散角,按下列公式计算,并参照强夯试验段结果,要求夯坑顶部连成一片,且夯坑间夹壁应比周围未强夯部位低 0.5 m 以上。

$$S=D+2H\tan\beta$$

式中:S——夯点间距,m;

D——夯锤直径,m;

H——抛填体厚度,m;

β——应力扩散角,°。

经结合前期试验段结果参数和相关计算,主、副夯点的间距均按 8 m 且呈正方形布置,隔行、隔点、由内向外跳夯;如果强夯区地势陡峭且距离较小,施工过程由外侧向内侧,锤击时先用低能量满夯,再用高能量锤击成桩。

(3)强夯设备配置。主副夯采用 QH550A 型履带式强夯机,夯锤为直径 2.5 m 的圆形异型锤,夯锤设置直径 300 mm 的排气孔 3 个,锤重 49 t,落距 20.5 m,单点夯击能 10000 kN · m;满夯夯锤直径为 2.5m 圆形异型锤,夯锤设置直径 200 mm 的排气孔 4 个,锤重 16 t,落距 9.4 m,单点夯击能 1500 kN · m。

2）工艺流程（见图2-6）

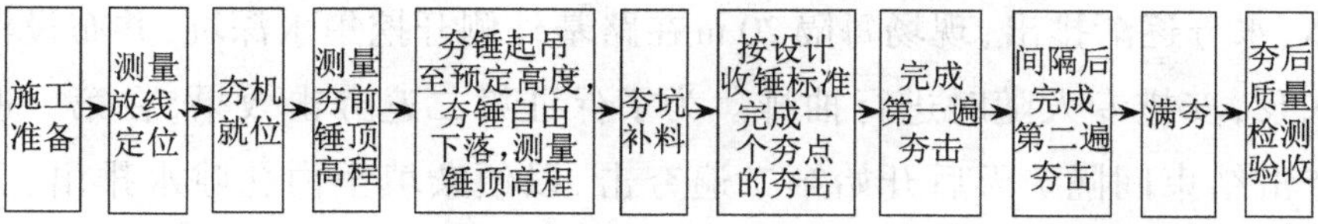

图2-6 强夯置换法工艺流程

（1）施工准备。清除地表各种障碍物，采用PC220反铲配合15 t自卸汽车，将置换区域开挖至公路设计下路床底部以下不小于1 m，局部凹坑区域则填平；场地开挖完成后，铺设1 m厚的砂石垫层作为施工作业面。强夯区域由于距离已施工桥梁较近，实施前在已碾压整平的强夯区靠已实施的桥梁侧开挖深度不小于2 m的防震沟，强夯路基两侧施作排水沟。

采用GPS辅助，按设计图纸在清理并平整场地上确定强夯试验区域和点位布置，并在强夯范围外设置坐标控制网点基桩，同时在其周围合理布置水准点。按施工前强夯置换试验确定的夯点间距布置，并对各夯点进行放样定位、编号，布置第一遍置换夯点，用装土的塑料袋标出每个夯点点位，且偏差不大于5 cm。若夯点间距不准确，偏差大，将对强夯置换后效果影响较大，所以必须加强控制。施工前测量队进行处置场地现状高程测量并记录，以便后续对夯前、夯后对比。

（2）夯机就位，并实施。设备就位，使夯锤对准夯点位置，测量夯前锤顶读数，将夯锤吊至预定高度，夯锤脱钩自由下落，测量每次夯后锤顶读数，做好详细记录，并计算每相邻两次沉降差。由于下部垃圾层较厚，且相互之间存在连接，夯击形成的夯坑不宜过深。通过现场检查发现，夯坑达到150 cm时，及时由人工配合装载机向夯坑内回填粒径不大于50 cm的开山石料，在填平后进行下一次夯击。

单点重复夯击、回填操作，当检测最后两击的平均夯沉量不大于200 mm，夯坑周围不应发生过大的隆起，总击数大于12击且参数满足后，方可移位，按点位布置及要求完成第一遍夯击施工。因地勘资料显示杂填土段未见明显地下水，但通过第一遍夯施工以及强夯区外设置的集水坑反映杂填土内存在较多孔隙水，在正常情况下水分被塑料袋包裹或是被布料吸收，排出困难，但在强夯挤压作用下杂填土内气体、水分逐渐排出，现场每隔20 m在路基外侧开挖集水深坑，并布设污水泵，安排专人随时进行抽排。为了保证第二遍夯击效果，在第一遍夯击结束间隔7天后开始第二遍夯击，以便杂填土内孔隙水排出，夯击程序及要求与第一遍相同。满夯施工在第一遍、第二遍夯击结束后开始，采用推土机推平夯坑，开始满夯，满夯时应保证夯锤覆盖整个夯击范围，夯印搭接大于1/3锤径，夯击次数为3次。满夯后采用推土机整平，压路机碾压密实后，测量场地高程。

二、软土地基施工

（一）软土地基

软土地基是指压缩层主要由淤泥及淤泥质土、吹填土、杂填土或其他高压缩性土层组成的地基。只要外荷加在土基上，就有可能出现过大变形和强度不够等问题，使建筑物（路基、桥涵等构造物）出现下沉、裂缝甚至破坏等，这种地基都应视为软土地基。当前道路软土地基常会引起以下问题：

（1）由于道路等级高，路堤填土高，引起路基的沉降、路堤的失稳。

（2）由于桥头路堤和桥台的沉降差，在高速行驶下引起跳车。

（3）软基沉降量超出允许范围引起路基沉降、路堤失稳。

（4）软基上结构物的沉降、涵管弯曲。

（5）软基上各类路面结构类型的设计与施工存在问题。

从软基加固角度看，一般来说砂类土地基承载力比黏质土地基承载力高，沉降也比黏质土小，并且由于砂类土较易透水，它在外荷载作用下产生的沉降能在短时间内完成，不像黏质土那样有一个漫长的过程。但是砂类土，特别是松散的细砂或粉砂，在地震力作用下会发生液化，所以防止液化是砂类土加固时一项重要的内容。

（二）软土地基的加固措施与施工

淤泥、淤泥质黏土、淤泥质亚黏土及泥混砂土等软土层在我国沿海、沿江、湖泊及湿地等附近地区分布广泛。在这些软土地区修建高速公路，常会遇到地基土强度低、变形、稳定性、渗漏和液化几个方面的问题。然而，施工期间和工后的沉降问题常常是主要的影响因素，因此常需进行地基处理来减小沉降。地基处理的目的是利用置换、夯实、排水、胶结、加筋和化学处理等方法对地基进行加固，以改善地基土的强度、压缩性、渗透性、动力特性等。软土地基的处理方法很多，现就一些常用措施予以介绍。

1. 排水固结法

1）塑料排水板法

塑料排水板处理软基的原理是利用深插软基的排水板来避免路基外侧地表及地下水进入路基范围。当填筑路基时，荷载作用于软基，地下水由于受挤压和毛细作用沿塑料排水板上升至砂垫层内，由砂垫层向两侧排出，从而提高基底承载力。

2）砂井排水法

砂井排水法是在软土层上设置垂直排水井，一般由中砂或粗砂构成，国内也有用纸板的。方法是将下端装有埋入式桩靴的钢管打入土中，然后从上端灌入砂子，分层夯实，并同时将管向上拔起，直至桩孔灌满砂，形成砂井。在黏性土中也可先打入木桩，拔出桩后在孔中填砂夯实。

2. 换填法

1）开挖换填法

开挖换填法即在一定范围内把软土挖除，用无侵蚀作用的低压缩散体材料置换，分层夯实。按软土层的分布形态与开挖部位，有全面开挖换填和局部开挖换填两种。

在开挖换填法施工选择填料时，要考虑路堤高度、软土层厚度及地下水位等因素，宜用排水性能好（即使以后处于地下水位以下仍能保持足够承载力）的砂、砂砾及其他粗粒料。另外，根据开挖的深度与土的抗剪强度确定合理的边坡坡度。开挖时若用水泵排水，边坡容易被破坏，从而增加挖方量，因此，如果有不需要压实的良好换填材料（以不排水为宜），为防止边坡塌落，应随时开挖随时填料。

2)强制换填法

强制换填法按施工方法分为路堤载荷强制换填法和爆破换填法两种。

(1)路堤载荷强制换填法。路堤载荷强制换填法依靠路堤载荷将部分软土层强制挤出,用良好的填筑材料置换。施工时,应从中线起逐渐向外侧填筑。但对于宽路堤,由于沉降不一致,从而在路堤下面残留部分软土,完工后会发生不均匀沉降,应引起施工方注意。

(2)爆破换填法。这种方法是把炸药装入软土层,通过爆破作用将软土挤出。这种方法对周围影响很大,只限于爆破对周围构造物或设施没有不良影响的地区使用。并且一般要通过几次爆破使路堤逐渐下沉,两侧挤出隆起的软土要及时挖除,保证爆破效果不致降低。

3.反压护道法

在路堤的一侧或两侧填筑适当高度与宽度的单级或多级护道,使路堤下的淤泥或泥炭向两侧隆起的趋势得到平衡。同时,加宽了荷载的分布宽度,减少了路堤的基底应力,从而保证路堤的稳定。

护道的高度与宽度应通过圆弧法测算确定。打击护道高度不许低于极限高度,一般为路堤高度的1/3 ~ 1/2。

采用反压护道加固路基,不需特殊机具和材料,施工简易,因此,该法适用于非耕作区,取土不困难地区和路堤高度小于1.5 ~ 2倍极限高度的软基。

4.碾压夯实法

采用压实功能较大的振动压实方法,对非黏性土及地表松散土(如矿渣、碎砖瓦等建筑垃圾填土)予以碾压,可提高地基强度,降低压缩性。振动时间越长,效果越好,但时间过长对压实效果无明显提高。对细颗粒填土,振动时间以3 ~ 5 min为宜;对建筑垃圾,振动碾压时间以略大于1 min合适。

重锤夯实加固地基是利用起重设备将锤体直径为1 ~ 1.5 m、质量为1.5 t左右的钢筋混凝土截头圆锥体(底部垫钢板)提升2.5 ~ 4.5 m高度后,重锤自由下落,锤体夯实土基。这种方法可显著提高地基表层土的强度，降低湿陷性黄土的湿陷性，使杂填土表层强度一致。重锤夯实次数，以最后两次的平均夯沉量不超过规定值来控制，实践证明，一般夯实次数为8～12遍，作用厚度可达锤底直径的一倍左右。

第七节 路基防护与支护施工

公路路基在水流、降雨、大风及冰冻等自然因素影响下，可能会发生边坡坍塌、路基损坏等情况。为保证路基稳定，除做好排水设施外，还必须根据当地条件，因地制宜地采用经济合理的防护、支挡措施。

路基防护与支挡工程按其作用不同，可以分为坡面防护、堤岸防护和支挡建筑物防护三大类。一般把防止冲刷和风化，主要起隔离作用的措施称为防护工程；把防止路基或山体因重力作用而坍滑，主要起支撑作用的支挡结构物称为支挡工程。

一、坡面防护

坡面防护主要是保护路基边坡表面，以免受到降水、日照、气温、风力等作用的破坏，从而提高边坡的稳固性，在一定程度上还可美化路面。坡面防护设施一般不承受外力作用，要求坡体本身已经稳定，常用的坡面防护设施有植物防护和工程防护。

（一）植物防护

植物防护是一种常用的坡面防护方法，主要是在适合植物生长的路基土质边坡上种草、铺草皮和植树，利用植被覆盖坡面，其根系固结表土，从而防止水土流失，调节坡体湿度和温度，确保边坡稳定，并且具有绿化道路和保护环境的作用。

（二）工程防护

工程防护适用于不宜于草木生长的陡坡面，采用砂石、水泥、石灰等矿质材料进行护面，一般采用抹面、捶面、喷浆、喷射混凝土、锚杆、勾缝灌缝砌石护坡及护面墙防护等。

二、堤岸防护

堤岸防护主要针对水流对路基的破坏作用而设,有防水治害和加固边坡堤岸的双重功效。堤岸防护设施有直接防护和间接防护两类。

(一)直接防护

直接防护设施主要有植物防护、砌体护坡、抛石防护、石笼防护四种。

(二)间接防护

为防护与加固路基,除各种直接防护措施外,根据堤岸水流情况和实际需要,还可在必要的条件下,采取丁坝、顺坝等改变水流,用以消除和减缓水流对堤岸的直接破坏,同时可促使堤岸近旁缓速淤积,起到安全保护作用,这种防护称为间接防护。

修建治构造物主要是设坝,按其与河道的相对位置,一般可分为丁坝、顺坝或格坝。

1. 丁坝

丁坝适用于宽浅变迁性河段,用以挑流或降低流速,减轻水流对河岸或路基的冲刷。丁坝长度应根据防护长度,丁坝与水流方向的交角,河段地形、水文条件及河床地质情况等确定,垂直于水流方向上的投影长度不宜超过稳定河床宽度的1/4。

用于路基防护的丁坝宜采用漫水坝或潜坝,丁坝与水流方向的交角以不大于90°为宜。当设置群坝时,坝间距离不应大于前坝的防护长度。丁坝间的河岸或路基边坡所能承受的容许流速小于水流靠岸回流流速时,应缩短坝距或对河岸及路基边坡采取防护措施。

2. 顺坝

顺坝适用于河床断面较窄、基础地质条件较差的河岸或沿河路基防护,用于调整水流曲度和改善流态。顺坝与上、下游河岸的衔接应使水流顺畅,起点应选择在水流匀顺的过渡段,坝根位置宜设在主流转向点的上方。

三、支挡建筑物防护

这里只介绍路基挡土墙防护。当路基边坡可能不稳定时,需将边坡放缓,但这样可能造成占地面积过大,过分增大路基填方数量,这时可采用一定的支挡构造物来支撑路基,以保持路基的稳定性。

(一)挡土墙分类

挡土墙的类型可按照其设置位置划分,也可按照其结构形式和材料组成划分。

1.按照其设置的位置划分

按照在路基工程中所设置的位置,挡土墙分为路肩墙、路堤墙和路堑墙等。

2.按照结构构造形式和受力特点划分

按照结构构造形式和受力特点,挡土墙可分为重力式挡土墙、锚碇板挡土墙、加筋土挡土墙、钢筋混凝土挡土墙和垛式挡土墙等。重力式挡土墙是最常用的挡土墙,它主要采用挡土墙施工石块砌筑而成。

3.按照挡土墙的墙体材料划分

按照挡土墙的墙体材料,挡土墙可分为石砌挡土墙、混凝土挡土墙、钢筋混凝土挡土墙和钢板挡土墙等。

(二)重力式挡土墙

1.重力式挡土墙的构造

重力式挡土墙一般由墙身、基础、排水设施和沉降伸缩缝等几部分组成。

1)墙身

墙背。根据墙背倾斜方向的不同,墙身断面形式可分为仰斜、垂直、俯斜、凸形折线式和衡重式等。

墙面。一般为平面,其坡度取决于墙背坡度和墙趾处地面的横坡度。

墙顶。重力式挡土墙可采用浆砌或干砌。浆砌时墙顶最小宽度应不小于50 ㎝,干砌时墙顶最小宽度应不小于60 ㎝。干砌挡土墙的高度一般不宜大于6 m。浆砌挡土墙顶应用砂浆抹平，或用较大石块砌筑，并勾缝。干砌挡土墙顶部50 cm厚度内宜用砂浆砌筑，以求稳定。

护栏。在地形险峻地段的路肩墙或墙顶高出地面6 m以上，且连续长度大于20 m的路肩墙，或弯道处的路肩墙的墙顶应设置护栏等防护设施。

2)基础

基础类型。挡土墙大多数都是直接砌筑在天然地基上的浅基础。当地基承载力不足且墙趾处地形平坦时，为减少基底应力和增加抗倾覆稳定性，常将墙趾部分加宽成台阶，或墙趾墙踵同时加宽，形成扩大的基础。

基础埋置深度。挡土墙基础根据地形、地质条件埋置足够的深度，以保证挡土墙的稳定性。设置在土质地基上的挡土墙，基底埋置深度应符合以下要求：①一般应在天然地基下不小于1.0 m；②受冲刷时，应在冲刷线下不小于1.0 m；③冻胀土层中的基础应设在冰冻线以下不小于0.25 m处。

挡土墙基础设置在岩石上时，应清除表面风化层，基础嵌入基岩深度不应小于0.15 ~ 0.6 m。墙前地面倾斜时，墙趾前应留有足够的襟边宽度，以防地基剪切破坏，襟边宽度可取嵌入深度的2 ~ 3倍。

3)排水设施

浆砌挡土墙应根据渗水量在墙身的适当高度处布置泄水孔，泄水孔尺寸和间距应符合设计要求。最下一排泄水孔的底部应高出地面0.3 m；当为路堑墙时，出水口应高出边沟水位0.3 m。为防止水渗入地基，在最下一排泄水孔的底部应设置30 cm厚的黏土防水层，在泄水孔进口处应设置粗粒料反滤层，以避免堵塞孔道。干砌挡土墙因墙身透水可不设泄水孔。

4)沉降伸缩缝

在挡土墙中通常把沉降缝与伸缩缝合并在一起，统称为沉降伸缩缝。挡土墙应每隔10 ~ 15 m设置一道沉降伸缩缝，缝宽一般为2 ~ 3 cm。

浆砌挡土墙的沉降伸缩缝内可用沥青麻筋或沥青木板等材料，沿墙内、外、顶三边填塞，填深不宜小于15 cm。当墙背为填石且冻害不严重时，可仅留空隙，不嵌填料。对于干砌挡土墙，沉降伸缩缝两侧应选平整石块砌筑，使其形成垂直通缝。

2. 施工技术要求

由于挡土墙的种类不同，其施工方法主要有浆砌片石法和干砌片石法。这里仅就浆砌片石挡土墙施工做一下介绍。

1）准备工作

浆砌前应做好一切准备工作，包括工具配备，按设计图纸检查和处理基底、放线、安放脚手架与跳板等施工设施，清除砌石上的尘土与泥垢等。

2）材料要求

石片应经过挑选，选取质地均匀、无裂缝、不易风化的片石。抗压强度不低于25 MPa，在地震及严寒地区不应低于30 MPa。石片应具有两个大致平行的面，其厚度不宜小于15 cm，其中一条边长不小于30 cm，体积不小于0.01 m^3。砌筑时，如用小石片垫平、垫稳，可不受此限制。

砂浆一般用水泥、砂和水拌和而成，也可用水泥、石灰、砂和水拌和，或石灰、砂和水拌和而成。它们分别称为水泥砂浆、混合砂浆和石灰砂浆。砂浆强度必须符合设计要求，一般不低于M5。勾缝用砂浆应比砌筑砂浆高一等级。一般情况下，砂浆稠度应保证手捏成团，松手后不松散。水泥砂浆的水灰比应控制在0.60～0.70。

3）砌筑顺序

砌筑顺序以分层进行为原则。底层极为重要，它是上面各层的基础，若底层质量不符合要求，则要影响以上各层。较长的砌体除分层砌筑外，还应分段砌筑，两相邻段的砌筑高差不应超过1.2 m，分段处宜设在沉降伸缩缝的位置。分层砌筑时，应先砌角石，后砌边石或面石，最后填腹石。

4）砌筑工艺

浆砌原理是利用砂浆胶结片石，使之成为整体而组成人工构筑物，常用的砌筑工艺有坐浆法和挤浆法等。

坐浆法又叫铺浆法。砌筑时先在下层砌体面上铺一层厚薄均匀的砂浆，压下砌石，借石料自重将砂浆压紧，在灰缝上加以必要的插捣并用力敲击，使砌石完全稳定在砂浆层上，直至灰缝表面出现水膜。

挤浆法除基底为土质的第一层砌体外，每砌一块石料，均应先铺底浆，再放石块，左右轻轻揉动几下后，再轻击石块，使灰缝砂浆被压实。在已砌筑好的石块侧面安砌时，应在相邻侧面先抹砂浆，后砌石，并向下及侧面用力挤压砂浆，使灰缝挤实，砌体被贴紧。

5）砌筑要求

砌体外圈定位行列与转角石应选择表面较平、尺寸较大的石块。浆砌时，石块应长短相间并与里层石块咬紧，上下层竖缝错开，缝宽不大于4 cm，分层砌筑应将大块石料用于下层，每处石块形状及尺寸应合适。竖缝较宽者可以塞小石子，但不能在石下用高于砂浆层的小石块支垫。排列时应将石块交错，压实挤紧，尖锐凸出部分应敲除。

6）砌缝

砌缝主要有错缝、通缝、勾缝等。

错缝是砌体在段间、层间的垂直灰缝应互相交错，压叠成不规则的灰缝，它们相互间距离和每段上、下层及段间的垂直距离不小于8 cm。

通缝是指砌体的水平灰缝，这是砌体受力的薄弱环节，受剪、抗拉、扭的能力极差，砌体最容易在此被损坏。砌体对通缝要求较高，不仅要求砂浆饱满密实，而且成缝时不允许有干缝、瞎缝和大缝。

勾缝有平缝、凹缝和凸缝等。勾缝具有防止有害气体和风、雨、雪等侵蚀砌体内部，延长构筑物使用年限及装饰外形等作用。在设计无特殊要求时，勾缝宜采用凸缝或平缝。勾缝宜用1∶2～1∶1.5的水泥砂浆，并应嵌入砌缝内约2 cm。勾缝前应先清理缝槽，用水冲洗湿润。

勾缝完成后应保持砌后的自然缝，不应有瞎缝、丢缝、裂纹和黏结不牢等现象。

路基施工是道路施工的重要组成部分，掌握好路基施工的基本方法是工程技术人员的基本技能，有助于提升路基施工的质量，做好施工组织与管理以及工程质量的检查验收与评定。

第三章 路面基层施工与质量控制

第一节 半刚性基层材料

半刚性基层是用无机结合料与集料或土组成的混合料铺筑的,具有一定厚度的路面结构层。半刚性基层具有整体性好、强度高、刚度大、水稳定性好、经济效益高等特点,是二级以上公路的主要基层类型。

一、半刚性基层材料选材及要求

公路施工材料绝大部分都应就地取材。只要能保证设计的要求,在满足规范规定的前提下,应坚持因地制宜、就地取材的原则,在万不得已的情况下才远运外地材料。通过对当地材料的认真选择,精心进行配比、组成、设计,使公路施工混合料符合设计规定的技术要求,使所修建的路面在技术上可靠、经济上合理,这就是选材的标准和宗旨。

(一)土

土分为细粒土、中粒土和粗粒土。中、粗粒土相对于细粒土而言,通称为粗粒土。

1.细粒土

细粒土可以用于水泥稳定土和石灰工业废渣稳定土。

1)水泥稳定土

细粒土用于水泥稳定土时,其塑性指数宜小于10,用于石灰、水泥综合稳定土时,塑性指数宜在15以上。

2)石灰稳定土

石灰稳定土要求采用黏土,塑性指数为15~20。

细粒土无论是用于水泥稳定土、石灰稳定土或综合稳定土，都必须满足粉碎后土块的最大尺寸不大于15 mm。有的地区没有合适的细粒土，塑性指数偏大或偏小，对于这类土而言，并非绝对不能用于稳定土，只是在施工时需要采取适当的处理措施。

3）石灰工业废渣稳定土

石灰工业废渣稳定土对土的要求是土块粉碎后粒径不大于15 mm，土的塑性指数宜为12～20，宜采用黏土或亚黏土，土的有机质含量应小于10%。

2.粗粒土

粗粒土能用于水泥稳定土、石灰稳定土和石灰工业废渣稳定土。

1）水泥稳定粗粒土

二级公路和二级以下公路的水泥稳定底基层中，单个颗粒的最大粒径不应超过53 mm（方孔筛，下同），其土颗粒组成应在表3-1范围内，而土的均匀系数应大于5。

表3-1　用作底基层时水泥稳定土的颗粒组成范围

筛孔尺寸/mm	通过质量百分比/%	筛孔尺寸/mm	通过质量百分比/%
50	100	0.075	0～50
4.75	50～100	0.002	0～30
0.6	17～100	—	—

二级公路和二级以下公路的基层中，单个颗粒的最大粒径不应超过37.5 mm，其土颗粒组成应在表3-2范围内，集料中不宜含有塑性的土。

表3-2　用作基层时水泥稳定土的颗粒组成范围

筛孔尺寸/mm	通过质量百分比/%	筛孔尺寸/mm	通过质量百分比/%
37.5	90～100	2.36	20～70
26.5	66～100	1.18	14～57
19	54～100	0.6	8～47
9.5	39～100	0.075	0～30
4.75	28～84	—	—

高速公路、一级公路的水泥稳定底基层中，单个颗粒的最大粒径不应超过37.5 mm，其土的颗粒范围组成应在表3-3范围内，土的均匀系数应大于5。若土中小于0.6 mm的颗粒含量在30%以下，塑性指数可稍大。实际施工中，宜选用均匀系数大于10、塑性指数小于12的土。

表3-3　水泥稳定土的颗粒组成范围

项目		编号1	编号2	编号3
		通过质量百分比/%		
筛孔尺寸/mm	37.5	100	100	—
	31.5	—	90～100	100
	26.5	—	—	90～100
	19	—	67～90	72～89
	9.5	—	45～68	47～67
	4.75	50～100	29～50	29～49
	2.36	—	18～38	17～35
	0.6	17～100	8～22	2～22
	0.075	0～30	0～7	0～7
液限/%	—	—	—	<28
塑性指数	—	—	—	<9

注：23号级配中，当集料中0.5 mm以下细粒土有塑性时，小于0.075 mm的颗粒含量不应超过5%；细粒土无塑性时，小于0.075 mm的颗粒含量不应超过7%。

水泥稳定中、粗粒土做高速公路、一级公路基层时，单个颗粒的最大粒径不应超过31.5 mm，其土颗粒组成应在表3-3所列编号2级配范围内。

土中有机质含量应不超过2%，若超过2%则应先用石灰进行处理后才能用于水泥稳定。

水泥稳定土中的碎石或砾石的压碎值要求如下：①基层。高速公路、一级公路不大于30%，二级和二级以下公路不大于35%。②底基层。高速公路、一级公路不大于30%，二级和二级以下公路不大于40%。

硫酸盐含量超过0.25%的土不能使用。

2）石灰稳定中、粗粒土

石灰稳定中、粗粒土用作高速公路和一级公路的底基层时，颗粒的最大直径不应超过37.5 mm，用作其他公路的底基层时，颗粒的最大粒径不应超过53 mm。

石灰稳定土用作基层时，颗粒的最大粒径不应超过37.5 mm。

级配碎石、未筛分碎石、砂砾碎石土、砂砾土、煤矸石和各种粒料状矿渣等均可用作石灰稳定土，但是稳定土中碎石、砂砾和其他粒状材料含量应在80%以上，并且具有良好级配。

石灰稳定土中碎石、砾石的压碎值应符合下列要求：①基层。二级公路不大于30%，二级以下公路不大于35%。②底基层。高速公路和一级公路不大于35%，二级和二级以下公路不大于40%。

硫酸盐含量超过0.8%的土和有机质含量超过10%的土不能用作石灰稳定土。

3）二灰稳定中、粗粒土

二灰稳定中、粗粒土（简称二灰稳定土）中不宜含有塑性指数的土。

对于二级和二级以下的公路用二灰稳定土做结构层时，应符合以下要求：

（1）二灰稳定土做底基层时，颗粒的最大粒径不应超过53.0 mm。

（2）二灰稳定土做基层时，颗粒的最大粒径不应超过37.5 mm，土中碎石、砾石或其他粒状材料质量宜占80%以上。

用于高速公路、一级公路的二灰稳定土中的土应符合以下要求：

（1）二灰稳定土做底基层时，土中碎石、砾石颗粒的最大粒径不应超过37.5 mm。

（2）二灰稳定土做基层时，二灰的质量占15%，最多不超过20%，石料的最大粒径不应超过31.5 mm。

（3）土中碎石、砾石的压碎值符合下列要求：①基层。高速公路、一级公路不大于30%，二级和二级以下公路不大于35%。②底基层。高速公路、一级公路不大于30%，二级和二级以下公路不大于40%。

（二）无机结合料

1. 石灰

生石灰必须经过充分消解，一般每吨生石灰用600 ~ 800 kg的水才能消解好。消解后的生石灰应保持35%左右的含水量,用水量偏大,石灰变成灰膏;用水量过小,生石灰不能充分消解,还会污染环境。最好开工前5~7 d将生石灰消解完,而已消解的生石灰应尽快使用完,否则应采取封存措施保管。有条件的施工单位最好使用生石灰粉。

硅氧化物、铝氧化物、镁氧化物含量之和大于5%的生石灰,有效氧化钙和氧化镁含量指标:Ⅰ≥75%,Ⅱ≥70%,Ⅲ≥60%,未消化残渣含量指标与镁质生石灰指标相同。

2. 水泥

稳定土使用的水泥有普通硅酸盐水泥、矿渣硅酸盐水泥和火山灰质硅酸盐水泥。实际使用时,宜选用强度较低的水泥(强度等级为32.5级)。水泥的初凝时间应稍长一些,终凝时间不小于6 h。快硬水泥、早强水泥及受潮变质水泥不宜使用。

3. 粉煤灰

粉煤灰的矿相主要是硅铝玻璃体,一般粉煤灰中硅铝玻璃体的含量大于70%,另外还有少量石英、莫来石等结晶矿物和未烧尽的碳粒。粉煤灰有硅铝型低钙灰和高钙灰之分,其颗粒粒径在0.001~2 mm之间变化,大部分为0.01~0.1 mm,比表面积一般为2000~35000 cm^2/g,烧失量一般小于10%,有的在20%以上则粉煤灰与石灰合用,在石灰的激发作用下会发生缓慢的水硬化作用。在施工使用时,应关注粉煤灰的硅铝玻璃体含量,烧失量不应超过20%,比表面积宜大于2500 cm^2/g。

4. 钢渣、铁渣、高炉重矿渣

钢渣、铁渣、高炉重矿渣是碱性的,活性物含量为0.29%~11%。从有关资料看,它们主要由氧化硅、氧化铝、氧化铁、氧化钙、氧化镁、氧化锰等组成。

经过陈化或崩解达到稳定的钢渣、铁渣、高炉重矿渣,是一种路用的好材料,它的水泥稳定性好、强度高、能缓慢板结。这些渣类材料的粉化率陈化后都小于路用指标5%,其压碎值比较小。

这种渣类材料在石灰的激发下具有较高的后期强度。在施工使用时,只要控制好粉化率指标使其自身稳定,压碎值符合相应等级公路的要求即可。

(三)水

凡人、畜饮用水均可使用。

二、半刚性基层材料的特点

(一)强度特性

1.强度值域

半刚性基层材料强度随所稳定对象和结合料的不同可以在很宽的值域内变化。水泥稳定类材料的强度规律是:在相同的水泥剂量条件下,颗粒组成较好的细粒土和级配组成较好的粗粒土能获得较高的强度;对于同一种被稳定的材料,一般是随着水泥剂量的增加,稳定类材料的强度会增大。对于组成较好的材料,可以用较少的水泥剂量获得较高的强度;对于组成较差的材料,即使用很高的水泥剂量得到的强度也很低。

2.强度组成

半刚性基层材料的强度获得不仅要靠结合料的剂量,更应靠良好的集料级配。半刚性基层材料受压破坏实际上是一种剪切破坏,剪切强度的计算式为:

$$\tau = \sigma \tan\varphi + c$$

由材料的剪切强度组成可以看出,剪切强度τ的大小取决于材料的内摩擦角φ和黏聚力c。增加结合料剂量是通过增大黏聚力c的成分来提高强度;使用级配良好的集料和增加粗集料用量是通过增加内摩阻力$\sigma \tan\varphi$来提高强度的。由于结合料剂量增加,在增大黏聚力的同时,会增加新生矿物(水泥石等)的含量从而增加材料的收缩性,因而容易产生收缩开裂。而集料多为花岗岩、玄武岩、石灰石等岩石,其收缩系数比水泥石要小得多,因而在增加强度的同时,不会带来基层材料收缩性的增大。

3.强度界限

高强度半刚性材料应该是结构设计要求的结果,而且应该是有界限的。半刚性基层材料的强度要求应该视所应用的公路等级和结构设计要求来定。对应所要求的强度高低和相关性能要求,同时考虑原材料的供给条件再进行具体的材料类型选择和组成设计。这样设计出的半刚性基层材料在性能和成本上都合理。半刚性基层材料的强度值应该在结构设计要求值相应的变化幅度范围内,过大的强度值可能不仅不经济,而且会带来其他性能的负效应。

(二)收缩特性

1. 材料属性的认识

热胀冷缩和湿胀干缩是材料的属性。无论是半刚性基层材料还是沥青面层材料的性质都不可避免地要受到环境因素的影响。一定环境条件下的面层或基层产生收缩裂缝是不可避免的。这种收缩裂缝的危害表现在两个方面:①外界水分通过裂缝渗入会引起面层的冲刷剥落或基层的冲刷唧泥;②过小的裂缝间距破坏了路面结构的整体性,改变了受力状态。也就是说,在裂缝间距较大,又能保证不让水分进入的条件下,收缩裂缝是不可怕的。

2. 干燥收缩的控制

及时保湿养生可以避免基层的干燥收缩裂缝。虽然半刚性基层材料的收缩和膨胀不可避免,但是由于半刚性基层材料的热胀冷缩和湿胀干缩是有条件和过程规律的,因而可以控制和改善。试验得出基层材料的干燥收缩规律是材料的收缩系数随含水量的变化呈上凸形抛物线,即从成型含水量开始,随着含水量的减少,材料的收缩应变开始变化不大,进入一定的含水量范围内时急剧增加,随后又减小。这一规律可以说明为什么施工现场基层成型初期,尤其在夏季高温时段,干燥收缩裂缝往往是在很短的时间内出现。由这一规律同时可以看到,从成型含水量到产生最大收缩应变的最不利含水量之间还有一段含水量的变化范围,如果现场能够做好及时保湿,完全可以避免基层材料的含水量低到最不利含水量而出现最大收缩应变。也就是说,从施工工艺控制角度可以做到避免基层成型早期的干燥收缩开裂。

3. 温度收缩的减小

控制细料含量可以显著减小基层的温度收缩裂缝。水泥稳定碎石材料的收缩系数与组成材料的粒径大小有关。较大粒径部分多为由岩石破碎而来的碎石集料,其温度收缩系数小;随着集料粒径的减小,尤其是填料部分的细粒土成分含有较多的次生矿物,温度收缩系数变大。细料越多,所需结合料越多,结合料水泥无论是自身硬化还是与细集料的反应生成物都是次生矿物,收缩系数也大。

(三)冲刷特性

1.基层冲刷机理

动水压力泵吸作用产生基层冲刷。半刚性基层表面非紧密联结的细料在动水压力泵吸作用下的脱离是形成冲刷的主要原因。半刚性基层内部由于结合料剂量所限,无法保证细集料之间全部是由结合料联结。由于沥青路面开裂或水泥混凝土路面接缝的填缝料丧失,路表水进入基层顶面。基层顶面遇水后湿软,原本非结合料联结的颗粒间联结力减弱或丧失,在高速、重载车辆的作用下产生很大的动水压力,将细料冲刷带到路表,造成路面面层脱空。脱空的路面面层更容易产生开裂,因而形成恶性循环。

2.减小冲刷的途径

雨水的侵入和高速、重载车辆的通过是导致半刚性基层冲刷的外部原因。合适的材料组成可以显著提高抗冲刷性能,具体的途径是通过减少细料含量、增加结合强度以及增大空隙率来消散动水压力。水泥稳定砂砾与水泥稳定土相比具有较小的冲刷量。随着水泥剂量的增大,水泥稳定砂砾的冲刷量逐渐减小;与密实的水泥稳定砂砾相比,具有一定孔隙的水泥稳定碎石几乎不受冲刷。

(四)疲劳特性

1.应力敏感性

半刚性基层材料是一种应力敏感性材料。与沥青混合料相比,半刚性基层材料的疲劳曲线较为平缓。这说明半刚性基层材料的应力敏感性要比沥青混合料高。在应力变化幅度相同的条件下,半刚性基层材料产生的寿命变化范围要大于沥青混合料。换句话说,超载对半刚性基层的寿命影响要大于沥青面层。可以说,这是半刚性基层材料不利的一面。

2.疲劳寿命

半刚性基层具有更长的疲劳寿命。尽管半刚性基层材料对应力的敏感性要高于沥青混合料,但是应当看到,在相同的应力比作用下,半刚性基层的绝对疲劳寿命值要高于沥青混合料。因此,只要将半刚性基层放在路面结构层中合适的位置,使其不承受过大的荷载,半刚性基层就会具有更长的疲劳寿命。

三、半刚性基层材料组成设计

(一)设计目的

半刚性基层的混合料必须具有足够的强度、良好的水温稳定性和耐久性,为便于施工,还应具有适宜的施工和易性。为达到这一目的,应在经济适用的原则下进行混合料配合比设计,即以设计文件和施工技术规范规定的混合料强度为设计标准,通过试验选择最适宜稳定的集料或土,确定结合料剂量和混合料最佳含水率。设计得到的参数和试验结果是检查和控制施工质量的重要依据。

(二)混合料试验

混合料的物理力学指标必须经过相关试验来测定,以试验结果作为评定混合料质量的主要依据。试验项目为以下几种:

1.重型击实试验

该试验用击实仪进行,目的是确定混合料的最佳含水率和最大干密度。试验结果一方面用于控制强度试验和耐久性试验的混合料含水率和干密度,另一方面作为检验混合料压实度是否达到要求的标准。

2.承载比试验

承载比试验用路面材料强度测试仪进行,目的是测试工地预期干密度下混合料的承载比(CBR值),以试验结果评定混合料的承载能力是否满足路面基层或底基层的要求。

3.抗压强度试验

抗压强度是评定混合料质量的重要技术标准,抗压强度可用路面材料强度测试仪测试。进行半刚性基层混合料组成设计时，通过测试混合料的无侧限抗压强度，选定最适宜用结合料稳定的集料或土，确定结合料剂量，为工地提供施工质量评定标准。

除上述试验外，路面结构设计时还需要测试半刚性基层材料的劈裂强度等。

(三)混合料组成设计的步骤

半刚性基层混合料的配合比设计过程为：首先，通过前述有关试验，检验拟采用的结合料、集料和土的各项技术指标，初步确定适宜的原材料。其次，确定混合料中各种原材料所占比例，制成混合料后通过击实试验测定最大干密度和最佳含水率，并在此基础上进行承载比试验和抗压强度试验。

1. 制备混合料

试验前先制备一种集料或土、不同结合料剂量的混合料。所谓结合料剂量是结合料质量占全部集料或土干质量的百分比。剂量过低时，混合料将难以形成半刚性材料，其强度将难以抵抗行车荷载产生的应力；剂量过高时，混合料会由于刚度过大而容易出现开裂现象，同时也不经济。

2. 击实试验

通过击实试验确定各种混合料的最佳含水率和最大干密度。试验时每一种土样至少做3个不同结合料剂量的混合料进行试验，即结合料最小剂量、中间剂量和最大剂量。其他剂量混合料的最佳含水率和最大干密度用内插法求得。

3. 强度试验

制备抗压试验试件，混合料取最佳含水率，干密度由工地预定达到的压实度与最大干密度确定。如果试验结果的偏差系数大于表中规定值，应分析原因并重新试验，不能降低偏差系数时，应追加试验数量，以便获得客观、准确的试验结果。试件成型后在规定的温度(非冰冻地区为25 ℃，冰冻地区为20 ℃)下养生6天、浸水1天后进行无侧限抗压强度试验，计算试验结果的平均值和均方差，计算公式为

$$\begin{cases} R = \dfrac{1}{N}\sum_{i=1}^{n} R_i \\ C_v = \dfrac{\sigma}{R} \end{cases}$$

式中：R——混合料所测强度平均值，MPa；

R_i——各测定强度值，MPa；

n——试验样本数；

C_v——偏差系数；

σ——试验结果标准差。

4. 确定结合料剂量

所选定结合料剂量的混合料室内抗压强度平均值R应符合以下条件

$$R \geqslant \frac{R_d}{1 - Z_a C_v}$$

式中：R_d——混合料设计抗压强度，MPa；

C_v——试验结果变异系数（以小数计）；

Z_a——标准正态分布表中随保证率而变得系数，高速公路、一级公路和二级公路的保证率为95%，此时Z_a=1.645；一般公路的保证率为90%，此时Z_a=1.282。

对满足以上条件的混合料组成方案，应进行工程经济分析，在技术经济合理的原则下确定最佳方案。

第二节 半刚性基层施工

半刚性基层的混合料可在拌和厂（场）集中拌和，也可沿路拌和，故施工方法有厂拌法和路拌法之分。高速公路和一级公路的半刚性基层对强度、平整度等技术性能有很高的要求，应采用施工质量好、进度快的厂拌法施工；其他公路的半刚性基层可用路拌法施工。

一、铺筑试验路

高速公路和一级公路或使用新技术、新材料及新工艺的半刚性基层，在大面积施工前，应先铺筑一定长度的试验路。通过试验路的铺筑，施工单位可进行施工工艺的优化，找出施工过程中存在的主要问题，取得实现成功施工的经验，为大面积基层的铺筑确定合适的施工方法，同时还可检验拌和、运输、碾压、养生等步骤的可靠性。根据试验路铺筑的具体情况，制定合理可行的施工组织计划，检验铺筑的半刚性基层质量是否符合设计和规范要求，并提出质量控制措施。

此外，设计和建设单位也可对试验路的实际使用效果进行分析，对所设计的路面结构形式、混合料组成设计、基层的路用性能等一系列指标进行再次论证。从而优选出经济、适用的路面结构方案，并确定最终采用的基层类型及混合料配合比。

二、施工方法

(一)厂拌法施工

厂拌法施工是在中心拌和厂(场)用强制式拌和机、双转轴桨叶式拌和机等拌和设备将原材料拌和成混合料，然后运至施工现场进行摊铺、碾压、养生等工序作业的施工方法。无拌和设备时，也可用路拌机械或人工在现场分批集中拌和之后，再进行其他工序的作业。厂拌法施工前，应先调试用于拌和、摊铺、碾压等工序的设备，使之处于良好的工作状态。拌和前应进行适当的试拌，使拌和的混合料组成符合设计要求。

1. 下承层准备与施工放样

半刚性基层施工前应对下承层(底基层或土基)按施工质量验收标准进行检查验收，验收合格后方可进行基层施工。下承层应平整、密实、无松散，无“弹簧”等不良现象，并符合设计高程、横断面宽度等几何尺寸要求。注意采取措施做好基层施工的临时排水工作。

施工放样主要是恢复路中线，在直线段每隔 20 m，曲线段每隔 10 ~ 15 m 设一中桩，并在两侧路肩边缘设置指示桩，在指示桩上明显标记出基层的边缘设计高程及松铺厚度的位置。

2. 备料

半刚性基层的原材料应符合质量要求。料场中的各种原材料应分别堆放，不得混杂。运到料场的水泥应防雨防潮，准备使用的石灰应提前洒水，使石灰充分消解。石灰和粉煤灰过干会随风飞扬造成污染，过湿又会成团而不便于施工，因此，应适时洒水或设遮雨棚，使之含有合适的水分。在潮湿多雨地区施工时，应采取有效措施使细粒土、结合料免受雨淋。

3. 拌和与摊铺

拌和时应按混合料配合比的要求准确配料，使集料级配、结合料剂量等符合设计要求，并根据原材料实际含水率及时调整加入拌和机内的水量。水泥稳定类和工业废渣稳定类混合料的含水率可比最佳含水率大1%～2%，而石灰稳定类混合料的含水率可比最佳含水率小1%～2%，这样可获得较好的压实效果。

拌和好的水泥稳定土混合料和水泥石灰稳定土混合料应尽快运到施工现场摊铺并碾压成型，以免因时间过长使混合料强度损失过大。工业废渣稳定类混合料在24h内进行摊铺碾压即可。运输混合料的距离较长时，应用篷布等覆盖混合料，以免水分损失过大。

高速公路和一级公路的半刚性基层应用沥青混合料摊铺机、水泥混凝土摊铺机或专用稳定土摊铺机摊铺，这样可保证基层的强度及平整度、路拱横坡、高程等几何外形质量指标符合设计和施工规范要求。摊铺过程中应设专人跟随摊铺机行进，以便随时消除粗、细集料严重离析的部位。应严格控制基层的厚度和高程，禁止用薄层贴补的办法找平，确保基层的整体承载能力。

拌和机与摊铺机的生产能力应相互协调，避免出现机械停工待料和生产能力不足的问题。

4. 碾压

碾压是使半刚性基层获得强度和稳定性的关键工序。摊铺整平的混合料应立即用12 t以上的振动压路机、三轮压路机或轮胎压路机碾压。必须分层碾压时，最小分层厚度不应小于10 cm。碾压时应遵循先轻后重的次序安排各型压路机，以先慢后快的方法逐步碾压密实。在直线段由两侧向路中心碾压，在平曲线范围内由弯道内侧逐步向外侧碾压。碾压过程中若局部出现“弹簧”、松散、起皮等不良现象时，应将这些部位的混合料翻松，重新拌和均匀再碾压密实。

水泥稳定类混合料从开始加水拌和到碾压完毕的时间称为延迟时间。混合料从开始拌和到碾压完毕的所有作业必须在延迟时间内完成，以免混合料的强度达不到设计要求。厂拌法施工的延迟时间为2 h。

5.养生与交道管制

半刚性基层碾压完毕，应进行保温养生，养生期不少于7天。水泥稳定类混合料在碾压完成后立即开始养生，石灰或工业废渣稳定类混合料可在碾压完成后3天内开始养生。养生期内应使基层表面保持湿润或潮湿，一般可洒水或用湿砂、湿麻布、湿草帘、低黏质土覆盖，基层表面还可采用沥青乳液做下封层进行养生。水泥稳定类混合料需分层铺筑时，下层碾压完毕，待养生1天后即可铺筑上层。石灰或工业废渣稳定类混合料需分层铺筑时，下层碾压完即可进行铺筑。

养生期间应尽量封闭交通，若必须开放交通时，应限制重型车辆通行并控制行车速度，以减少行车对基层的扰动。

（二）路拌法施工

路拌法施工是将集料或土、结合料按一定顺序均匀平铺在施工作业面上，用路拌机械拌和均匀并使混合料含水率接近最佳含水率，随后进行碾压等工序的作业。路拌法施工的流程为：下承层准备→施工测量→备料→摊铺→拌和→整形→碾压→养生。其中，下承层准备、施工测量、碾压及养生的施工方法和要求与厂拌法施工相同。

路拌法施工时，备料在准备完毕的下承层上进行：①根据铺筑层的宽度、厚度及预定达到的干密度计算各施工段所需干集料的数量；②根据混合料的配合比、原材料含水率及运输车辆的吨位计算各种原材料每车的堆放距离；对于水泥、石灰等结合料，当以袋（或小翻斗车）

为计量单位时,应计算每计量单位结合料的堆放距离。这样分层堆放的原材料经摊平、拌和后得到的混合料更容易符合规定的配合比要求。

通常先堆放集料或土,用自动平地机等适合的机械或人工按铺筑试验路确定的松铺系数摊铺均匀,然后按上述计算结果堆放结合料并摊平,摊铺应使混合料层厚度均匀。摊铺完毕,用稳定土拌和机、农用旋耕机或多铧犁进行拌和,拌和深度应达到稳定层底部,略扰动下承层,使基层与下承层结合良好。在拌和过程中,应设专人跟随拌和机行进,以便随时调整拌和深度并检查拌和质量。混合料应充分拌和均匀,严禁在拌和层底留有"素土"或夹层,否则会严重影响稳定层的强度和稳定性。拌和时应适时检查混合料的含水率,若含水率不符合设计要求,应通过自然蒸发或补充洒水,使之处于最佳值,并再次拌和均匀。

混合料拌和均匀后,立即用平地机初平、整型。在直线段,平地机由两侧向路中心刮平;在曲线段,平地机由内侧向外侧刮平。初平后,用拖拉机、平地机或轮胎式压路机快速碾压 1 ~ 2 遍,使可能的不平整部位暴露出来,再用平地机整型,如此反复 1 ~ 2 遍。整形过程中要及时消除集料离析现象,特别是粗集料集中的部位。低洼处应用齿耙将距表面 5 cm 深度范围内的混合料耙松,再用新拌和的混合料找平。初步整形后,应检查混合料松铺厚度,并进行必要的补料和减料。碾压作业与厂拌法施工相同。碾压结束前,用平地机再最终找平一次,使基层纵向顺适,路拱、超高、高程等符合设计要求。

特别要将高出部分刮除并扫出路外,以保证上层路面结构的有效厚度。

三、施工应注意的问题

(一)施工季节

半刚性基层宜在春末或夏季组织施工。施工期间的最低气温应在 5 ℃以上。在冰冻地区,应保证在结冻前有一定成型时间,即在第一次重冰冻(-35 ℃)到来之前的半个月到一个月(水泥稳定类)或一个月到一个半月(石灰、工业废渣稳定类)内完成。若不能达到上述要求,则碾压成型的半刚性基层应采取覆盖措施,以防止冻融破坏。多雨地区应避免在雨季施工石灰土结构层。雨季施工水泥稳定土或石灰稳定中、粗粒土时,应特别注意气候变化,采取措施避免结合料或混合料遭雨淋。降雨时应停止施工,及时排除地表水,使运到路上的材料不过分潮湿,已经摊铺的混合料应尽快碾压密实。

(二)接缝及"掉头"处的处理

无论用厂拌法还是路拌法施工,均应尽量减少横向接缝和纵向接缝,必须设置接缝时应妥善处理。对于水泥稳定类基层,同一天施工的两个作业段衔接处应搭接拌和,即前一段拌和后留下长约5~8 m的混合料不碾压,待后一段施工时,在前一段未碾压的混合料中加入水泥并拌和均匀。每一工作日的最后一段水泥稳定类基层完工后,应将末端设置成垂直端面,以保证接缝处有良好的传荷能力。对于石灰稳定类和工业废渣稳定类基层,同一天施工的两作业段衔接处可按前述方法处理,但不再添加结合料。施工过程中出现的纵向接缝应设置成垂直接缝,接缝区的混合料应充分碾压密实。

拌和机等施工机械不应在已碾压成型的稳定类基层上"掉头"、制动或突然起动。若必须进行这些操作时,应采取有效措施保护基层。

(三)水泥稳定类混合料基层施工作业段长度的确定

确定水泥稳定类混合料基层的施工作业段长度应考虑水泥的终凝时间、延迟时间、工程质量要求、施工机械效率及气候条件等因素。延迟时间宜控制在3~4 h,不得超过水泥的终凝时间。在保证混合料强度符合要求的前提下,尽可能增长施工作业段长度。为此,水泥稳定类基层应采用流水作业法组织施工,使各工序紧密衔接,尽可能缩短延迟时间以增加施工流水段长度。一般条件下,每作业段长度以200 m为宜。

第三节 粒料类基层施工

一、粒料类基层材料

在路桥工程中,需要使用的粒料类基层材料主要有以下几种。

(一)级配碎石基层

所谓级配碎石基层是指由粗碎石、细碎石和石屑共同搅拌而成的建筑材料,这种建筑材料主要应用在各级的公路基层建筑中,是路桥工程的底基层部分。同时,级配碎石基层还可以用作薄沥青路面和基层之间的加固部分,起到防止沥青层开宽裂的作用,同时可以避免裂缝的产生。对于符合级配要求的碎石来说,可以采用不同的颗粒和石屑进行搅拌,只要是符合安全生产要求的部分,都可以用这种碎石基层进行处理,保证其圆滑度。

(二)级配砾石颗粒

级配砾石颗粒是一种常见的路桥工程价值基材料,其曲线较级配碎石基层更圆滑,当可塑性较高的时候,塑性的指数和细土的含量有一定的比例。级配砾石的使用场合和级配碎石基层基本相承同,对于不同的道路施工,需要不同的数值要求。

(三)填隙碎石基层

一般来说,填隙碎石基层是使用单一的粗碎石为主要的骨输料,用石屑作为整体建筑的填隙材料的一种道路施工形式。在我国,这种施工形式主要应用于二级及以下的道路施工,因其对于材料量的密实度要求过小,因此可以使用填隙碎石结构。填隙碎石主要应用于大型的骨架之间,充当碎石使用,提高了密实性,能够保证整体的强度和稳定性。如果没有碎石,可以用粗砂代替,各种坚硬的岩石也可以用作这方面使用。

提高抗压能力,是做好基层工作的前提和关键。

二、粒料类基层施工

(一)级配碎石基层施工

1.适用范围:各级公路的基层和底基层

(1)用于高速、一级公路基层或半刚性路面中间层时应采用集中厂拌法(用沥青混凝土摊铺机或其他碎石摊铺机摊铺);用于高速、一级公路底基层时可以采用集中厂拌法(用沥青混凝土摊铺机或其他碎石摊铺机)或路拌法(人工或平地机摊铺,稳定土拌和机拌和,平地机整形)。

(2)用于二级公路时可采用集中厂拌法(自动平地机或摊铺箱摊铺)或路拌法(人工或平地机摊铺,稳定土拌和机拌和,平地机整形)。

(3)用于二级以下公路时可采用集中厂拌法(自动平地机或摊铺箱摊铺)或路拌法(人工或平地机摊铺,平地机或多作犁与缺口圆盘耙配合进行拌和,平地机整形)。

2.施工材料的要求

(1)用于二级和二级以上公路的基层和底基层时,应预先筛分成几组粒径不同的碎石和粒径4.75 mm以下的石屑组配而成。其颗粒组成应符合相应的试验规程要求,且级配曲线为平滑曲线,塑性指数应符合规定要求。

(2)用于二级以下公路的基层和底基层时,可用未筛分碎石和石屑组配而成。

(3)用于二级和二级以下公路的基层和底基层时,最大粒径37.5 mm;用于高速和一级公路或半刚性路面中间层时,最大粒径31.5 mm。

(4)碎石中针片状颗粒含量不超过20%,且碎石中不应有黏土块、植物等物质。

(5)缺乏石屑时可用细砂砾或粗砂代替。

3.路拌法施工

1)下承层准备

检查下承层的标高、横坡、宽度、压实度、平整度。对于土基必须用12～15 t压路机碾压3～4遍并进行检查，对松散、“弹簧”的部位应进行处理。

2)测量放样

(1)恢复线路中线和边桩。

(2)在道路两侧设置指示桩，桩上标记出级配碎石基层施工的设计标高。

(3)路拌法施工时需要在下承层上划分布料网格。

3)备料

(1)计算单位长度需要碎石和石屑的数量，根据每车料的数量计算出堆放距离。

(2)可以在料场混合碎石和石屑，也可以在现场拌和，碎石含水量应超过最大含水量1%。

4)运输集料

(1)集料装车时每车集料数量应基本相同。

(2)严格控制集料堆放的距离。

(3)同一料场的集料，应由远到近卸料，料堆每隔一段距离应留一缺口，便于车辆和设备通过。

(4)集料应在摊铺前数天运送，不能堆置时间过长。

5)集料摊铺

(1)摊铺应采用人工或平地机。

(2)应事先通过试验确定集料的松铺系数，人工摊铺松铺系数一般为1.4～1.5，平地机摊铺时一般为1.25～1.35。

(3)采用三轮压路机碾压时，压实层厚不超过15～18 cm，采用重型振动压路机或轮胎压路机时，不超过20 cm。

(4)路肩与行车道应同时摊铺。摊铺后的混合料应表面平整，并具有规定的路拱。

6)集料拌和

(1)二级及二级以上公路，应采用专用的稳定土拌和机；二级以下公路可采用平地机或多作犁与缺口圆盘耙配合进行拌和。

(2)用稳定土拌和机时,应拌两遍以上,拌和深度应到级配碎石层底。

(3)用平地机拌和,宜拌和5~6遍,使石屑均匀分布于级配碎石中,平地机的工作长度每段宜为300~500 m。

(4)平地机刀片的安装角度要满足要求。拌和结束后,石屑应均匀分布于碎石中,含水量均匀,并超过最大含水量1%左右,同时没有粗细集料离析。

7)整形

(1)采用平地机将拌和均匀的集料按照规定的路拱进行整平和整形,整形过程中要注意消除粗细集料离析。

(2)整形应由低处向高处进行。

8)碾压

(1)当集料的含水量等于或略大于最佳含水量时应进行碾压。

(2)碾压应采用12 t以上的三轮压路机,也可以采用重型振动压路机或轮胎压路机。

(3)一般需碾压6~8遍,至无明显轮迹为止,碾压速度前两遍以1.5~1.7 km/h为宜,以后以2~2.5 km/h为宜。

(4)碾压应由低处向高处进行。尽量使各部分碾压的次数基本相同,路面两侧应多压2~3遍。

(5)碾压时后轮应重叠1/2轮宽,后轮必须超过两段的接缝处。

(6)含土的级配碎石层应进行滚浆碾压,直至碎石层中无多余的细土泛出为止,泛出的浆应清除干净。

(7)压实度的要求:用作半刚性路面的中间层时不小于100%;用作基层时不小于98%;用作底基层时不小于96%。

9)横缝的处理

应采用搭接拌和,前一段拌和后,留5~8 m不进行碾压,待后段施工时,与前段未碾压部分重新一起拌和并整平、碾压。

10)纵缝的处理

尽量避免纵缝,必须设置纵缝时,采用搭接拌和。前一段施工时全宽碾压密实，待后段施工时，将前段碾压密实的部分约30 cm宽度范围的级配碎石重新翻松，并与后施工段一起再次拌和，并整平、碾压。

11)养护

未洒透层沥青或未铺筑封层时，禁止开放交通，以保护表层不受损坏。

4.集中厂拌法施工

1)集中拌和设备

(1)强制式拌和机、卧式双转轴桨叶式拌和机、普通水泥混凝土拌和机。

(2)集料拌和前，需对设备进行调试，使混合料的含水量和颗粒组成符合规定要求。当混合料的颗粒组成发生明显变化时，应重新进行调试。

(3)对于高速和一级公路，应采用不同粒级的单一粒径碎石和石屑，按照规定的配合比在拌和机内拌制。

2)摊铺设备

(1)高速和一级公路，应采用沥青混凝土摊铺机或其他碎石摊铺机。

(2)二级和二级以下公路，可以采用自动平地机或摊铺箱。

3)横缝的处理

用摊铺机摊铺时，第一天摊铺未压实的混合料与第二天摊铺的混合料一起碾压，但应注意此部分混合料的含水量，必要时需洒水。

4)纵缝的处理

尽量避免纵缝，必须设置纵缝时，应采用垂直相接，不应斜接。

5)碾压与养护

与路拌法施工基本相同。

(二)级配砾石施工

1.适用范围

轻交通的二级和二级以下公路的基层，各级公路的底基层。

2.施工材料要求

(1)其颗粒组成应符合相应的试验规程要求，且级配曲线为平滑曲线,塑性指数应符合规定要求。用于基层时,最大粒径37.5 mm;用于底基层时,最大粒径53 mm。

(2)碎石中针片状颗粒含量不超过20%,且碎石中不应有黏土块、植物等物质。

3.施工方法

与级配碎石施工方法相同。

(三)填隙碎石基层施工

1.适用范围

二级以下公路的基层和各级公路的底基层。

2.施工材料要求

(1)用于基层时,最大粒径53 mm;用于底基层时,最大粒径63 mm。

(2)碎石中针片状颗粒含量不超过15%,且碎石中不应有黏土块、植物等物质。

(3)填隙料可采用粒径小于10 mm的砂砾或粗砂。

(4)细集料应保持干燥。

(5)填隙料用量约为粗碎石量的30% ~ 40%。

3.施工方法

(1)下承层准备。同级配碎石施工。

(2)测量放样。同级配碎石施工。

(3)备料。同级配碎石施工。

(4)运输粗碎石。同级配碎石施工。

(5)摊铺粗碎石。①摊铺应采用平地机;②每层的松铺厚度可以取粗碎石最大粒径的1.5 ~ 2倍。路肩与行车道应同时摊铺,摊铺后的混合料应表面平整,并具有规定的路拱。

(6)初压。用8 t两轮压路机碾压3 ~ 4遍,使粗碎石稳定就位。

(7)撒铺填隙料。用石屑撒布机将干燥的填隙料均匀地撒布在压稳的粗碎石层上,松铺厚度2.5 ~ 3 cm,必要时采用人工或机械扫均匀。

(8)振动碾压。采用振动压路机或重型振动板慢速碾压,将填隙料振入粗碎石的孔隙中。

(9)再次撒铺填隙料。用石屑撒布机将干燥的填隙料均匀地撒布在压稳的粗碎石层上，松铺厚度2～2.5 cm，必要时采用人工或机械扫均匀。

(10)再次振动碾压。采用振动压路机或重型振动板慢速碾压，将填隙料振入粗碎石的孔隙中。对于局部填料不足的部位进行人工找补，填料多余的部位应扫除。再次振动碾压后，如还有未填满的孔隙，应补撒填隙料，并继续振动碾压，直到全部孔隙都被填满为止。碾压完成后的，表面必须能看见粗碎石，不能使填隙料覆盖粗碎石层。如上层为薄沥青面层时，粗碎石外露棱角应为3～5 mm；如填隙碎石分层铺筑时，应外露5～10 mm。

(11)干法施工。洒水，在粗碎石孔隙填满后，在表面洒少量水，宜为3 kg/m²以上。终压，用12～15 t的三轮压路机碾压1～2遍，碾压过程中粗碎石层不应有任何的蠕动现象。碾压后的填隙碎石，基层的固体体积率不小于85%，底基层的固体体积率不小于83%。

(12)湿法施工。洒水饱和，在粗碎石孔隙填满后，立即用洒水车洒水，直到饱和，但应避免水过多浸泡下承层。碾压滚浆，用12～15 t的三轮压路机跟在洒水车后面碾压。将填隙料继续扫入所出现的孔隙中，必要时添加新的填隙料。洒水和碾压应一直进行到填隙料和水形成粉浆为止，粉浆应填满全部孔隙，并在压路机轮前形成波纹状。干燥，碾压完成后，让水分蒸发一段时间，直至结构层变干。清理多余的填隙料，如上层为薄沥青面层时，粗碎石外露棱角应为3～5 mm；如填隙碎石分层铺筑时，应外露5～10 mm。碾压后的填隙碎石，基层的固体体积率不小于85%，底基层的固体体积率不小于83%。

(13)养护。未洒透层沥青或未铺筑封层时，禁止开放交通，以保护表层不受损坏。

第四节　基层施工质量管理与检查验收

对于基层施工的质量管理与检查验收而言，一般规定如下：

(1)二级和二级以上公路工程应按质量管理及检查验收内容和要求执行,其他等级公路工程可参照执行。

(2)质量管理包括所用材料的标准试验、铺筑试验段、施工过程中的质量管理和检查验收(工序间)。

(3)必须建立、健全工地试验、质量检查及工序间的交接验收等制度。试验、检验应做到原始记录齐全,数据真实可靠。

(4)工地试验室应能进行所用基层材料的各项试验,还应具备进行现场压实度和平整度检查的能力,应配备弯沉测量的仪具和路面钻机。

(5)各个工序完结后,均应进行检查验收。经检验合格后,方可进行下一个工序。凡经检验不合格的段落,必须进行补救,使其达到要求。

一、施工前的质量管理

(一)材料的标准试验

(1)在组织现场施工前及在施工过程中,原材料(包括土)或混合料发生变化时,必须对拟采用的材料进行规定的基本性质试验,评定材料质量和性能是否符合要求。

(2)对用作底基层和基层的原材料,应进行如表3-4所列的试验。

表3-4 底基层和基层原材料的试验项目

试验项目	材料名称	目的	频度	试验方法和仪器
含水量	土、砂砾、碎石等集料	确定原始含水量	每天使用前测2个样品	烘干法、酒精燃烧法,含水量快速测定仪
颗粒分析	砂砾、碎石等集料	确定级配是否符合要求,确定材料配合比	每种土使用前测2个样品,使用过程中每2000 m^3测2个样品	筛分法
液限、塑限	土、级配砾石或级配碎石中0.5 mm以下的细土	求塑性指数,审定是否符合规定	每种土使用前测2个样品,使用过程中每2000 m^3测2个样品	液限塑限联合测定法测液限;滚搓法塑限试验测塑限

续表

试验项目	材料名称	目的	频度	试验方法和仪器
相对毛体积密度、吸水率	砂砾、碎石等	评定粒料质量，计算固体体积率	使用前测2个样品，砂砾使用过程中每2000 m^3 测 2 个样品，碎石种类变化重做2个样品	网篮法或容积1000 mL 以上的比重瓶法
压碎值	砂砾、碎石等	评定石料的抗压碎能力是否符合要求	使用前测2个样品，砂砾使用过程中每2000 m3 测2个样品，碎石种类变化重做2个样品	集料压碎值试验
有机质和硫酸盐含量	土	确定土是否适宜用石灰或水泥稳定	对土有怀疑时做此试验	有机质含量试验，易溶盐试验
有效钙、氧化镁	石灰	确定石灰质量	做材料组成设计和生产使用时分别测2个样品，以后每月测2个样品	石灰的化学分析
水泥标号和终凝时间	水泥	确定水泥的质量是否适宜应用	做材料组成设计时测1个样品，料源或标号变化时重新测	水泥胶砂强度检验方法，水泥凝结时间检验方法
烧失量	粉煤灰	确定粉煤灰是否适用	做材料组成设计前测2个样品	烧失量试验

(3)对初步确定使用的底基层和基层混合料，包括掺配后不用结合料稳定的材料，应进行如表3-5所列的试验。

表3-5 底基层和基层混合料的试验项目

试验项目	目的
重型击实试验	求最佳含水量和最大干密度，以规定工地碾压时的合适含水量和应该达到的最小干密度，确定制备强度试验和耐久性试验的试件所应该用的含水量和干密度；确定制备承载比试件的材料含水量
承载比	求工地预期干密度下的承载比，确定材料是否适宜做基层或底基层
抗压强度	进行材料组成设计，选定最适宜于用水泥或石灰稳定的土(包括粒料)；规定施工中所用的结合料剂量；为工地提供评定质量的标准
延迟时间	对一定水泥剂量的混合料，确定延迟时间对混合料密度和抗压强度的影响，并据此确定施工允许的延迟时间

(二)铺筑试验段的质量管理

(1)在底基层和基层正式开工之前,应铺筑试验段。

(2)应通过铺筑无结合料的集料基层试验段,确定以下主要项目:用于施工的集料配合比例;材料的松铺系数;确定标准施工方法;集料数量的控制;集料摊铺方法和适用机具;合适的拌和机械、拌和方法、拌和深度和拌和遍数;集料含水量的增加和控制方法;整平和整形的适用机具和方法;压实机械的选择和组合,压实的顺序、速度和遍数;拌和、运输、摊铺和碾压机械的协调和配合;密实度的检查方法,初定每一作业段的最小检查数量;确定每一作业段的合适长度;确定一次铺筑的合适厚度。

(3)通过铺筑水泥稳定土、石灰稳定土和石灰工业废渣稳定土基层的试验段,确定控制结合料数量和拌和均匀性的方法对于水泥稳定土基层的具体影响,以及通过严密组织拌和、洒水、整形、碾压等工序来缩短延迟时间,规定允许的拌和时间。

二、施工过程中的质量管理

(1)施工过程中的质量管理包括外形尺寸的控制、检查以及质量控制和检查。

(2)外形尺寸检查项目、频度和质量标准应符合表3-6的要求。

表3-6 外形尺寸要求

工程类别	项目		频度	质量标准	
				高速公路和一级公路	一般公路
底基层	纵断高程/m		二级及二级以下公路每20延米1点;高速公路和一级公路每20延米1个断面,每个断面3～5个点	+5,-15	+5,-20
	厚度/mm	均值	每1500～2000 m² 6个点	-10	-12
		单个值		-25	-30
	宽度/mm		每40延米1处	0以上	0以上

续表

工程类别	项目		频度	质量标准	
				高速公路和一级公路	一般公路
	横坡度/%		每100延米3处	±0.3	±0.5
	平整度/mm		每200延米2处，每处连续10尺（3 m直尺）	12	15
基层	纵断高程/m		二级及二级以下公路每20延米1点；高速公路和一级公路每20延米1个断面，每个断面3～5个点	+5，-10	+5，-15
基层	厚度/mm	均值	每1500～2000 m² 6个点	-8	-15
基层	厚度/mm	单个值	每1500～2000 m² 6个点	-10	-20
基层	宽度/mm		每40延米1处	0以上	0以上
基层	横坡度/%		每100延米3处	±0.3	±0.5
基层	平整度/mm		每200延米2处，每处连续10尺（3 m直尺）	8	12
基层	—		连续式平整度仪的标准差/mm	3.0	—

（3）质量控制的项目、频度和质量标准应符合表3-7的要求。

表3-7　质量控制的项目、频度和质量标准

工程类别	项目	频度	质量标准
无结合料底基层	含水量	据观察，异常时随时增加试验	在本规范规定范围内
无结合料底基层	级配	据观察，异常时随时增加试验	在本规范规定范围内
无结合料底基层	拌和均匀性	随时观察	无粗细集料离析现象
无结合料底基层	压实度	每一作业段或不大于2000 m²检查6次以上	96%以上，填隙碎石以固体体积率表示，不小于83%
无结合料底基层	塑性指数	每1000 m² 1次，异常时随时增加试验	不小于本规范规定值
无结合料底基层	承载比	每3000 m² 1次，据观察，异常时随时增加试验	不小于本规范规定值
无结合料底基层	弯沉值检验	每一评定段（不超过1 km）每车道40～50个测点	95%（二级及二级以下公路）或97.7%（高速公路和一级公路）概率的上波动界限不大于计算得的容许值

续表

<table>
<tr><th>工程类别</th><th colspan="2">项目</th><th>频度</th><th>质量标准</th></tr>
<tr><td rowspan="9">无结合料基层</td><td colspan="2">含水量</td><td>据观察，异常时随时增加试验</td><td>在本规范规定范围内</td></tr>
<tr><td colspan="2">级配</td><td>每2000 m² 1次</td><td>在本规范规定范围内</td></tr>
<tr><td colspan="2">拌和均匀性</td><td>随时观察</td><td>无粗细集料离析现象</td></tr>
<tr><td colspan="2">压实度</td><td>每一作业段或不大于2000 m²检查6次以上</td><td>级配集料基层98%，中间层100%，填隙碎石固体体积率85%</td></tr>
<tr><td colspan="2">塑性指数</td><td>每1000 m² 1次，异常时随时增加试验</td><td>小于本规范规定值</td></tr>
<tr><td colspan="2">集料压碎值</td><td>据观察，异常时随时增加试验</td><td>不超过本规范规定值</td></tr>
<tr><td colspan="2">承载比</td><td>每3000 m² 1次，据观察，异常时随时增加试验</td><td>不小于本规范规定值</td></tr>
<tr><td colspan="2">弯沉值检验</td><td>每一评定段（不超过1 km）每车道40～50个测点</td><td>95%（二级及二级以下公路）或97.7%（高速公路和一级公路）概率的上波动界限不大于计算得的容许值</td></tr>
<tr style="display:none"></tr>
<tr><td rowspan="8">水泥或石灰稳定土及综合稳定土</td><td colspan="2">级配</td><td>每2000 m² 1次</td><td>在本规范规定范围内</td></tr>
<tr><td colspan="2">集料压碎值</td><td>据观察，异常时随时增加试验</td><td>不超过本规范规定值</td></tr>
<tr><td colspan="2">水泥或石灰剂量</td><td>每2000 m² 1次，至少6个样品，用滴定法或用直读式测钙仪试验，并与实际水泥或石灰用量校核</td><td>不小于设计值-1.0%</td></tr>
<tr><td rowspan="2">含水量</td><td>水泥稳定土</td><td rowspan="2">据观察，异常时随时增加试验</td><td rowspan="2">在本规范规定范围内</td></tr>
<tr><td>石灰稳定土</td></tr>
<tr><td colspan="2">拌和均匀性</td><td>随时观察</td><td>无灰条、灰团、色泽均匀、无离析现象</td></tr>
<tr><td rowspan="2">压实度</td><td>稳定细粒土</td><td rowspan="2">每一段作业或不大于2000 m²检查6次以上</td><td>二级及二级以下公路93%以上，高速公路和一级公路95%以上</td></tr>
<tr><td>稳定中粒土和粗粒土</td><td>二级及二级以下公路的底基层95%，基层97%以上；高速公路和一级公路的底基层96%，基层98%以上</td></tr>
</table>

续表

<table>
<tr><th>工程类别</th><th colspan="2">项目</th><th>频度</th><th>质量标准</th></tr>
<tr><td></td><td colspan="2">抗压强度</td><td>稳定细粒土，每作业段或每2000 m^2 6个试件；稳定中粒土和粗粒土，每一作业段或每2000 m^2 6个或9个试件</td><td>符合本规范规定要求</td></tr>
<tr><td rowspan="8">石灰工业废渣稳定土</td><td colspan="2">延迟时间</td><td>每个作业段1次</td><td>不超过本规范规定</td></tr>
<tr><td colspan="2">配合比</td><td>每2000 m^2 1次</td><td>石灰剂量不小于设计值的-1%（当石灰剂量少于4%时，为不小于设计值-0.5%）</td></tr>
<tr><td colspan="2">级配</td><td>每2000 m^2 1次</td><td>在本规范规定范围内</td></tr>
<tr><td colspan="2">含水量</td><td>据观察，异常时随时增加试验</td><td>最佳含水量±1%（二灰土为±2%）</td></tr>
<tr><td colspan="2">拌和均匀性</td><td>随时观察</td><td>无粗细集料离析现象</td></tr>
<tr><td rowspan="2">压实度</td><td>二灰土</td><td rowspan="2">每一作业段或不大于2000 m^2 检查6次以上</td><td>二级及二级以下公路93%以上，高速公路和一级公路95%以上</td></tr>
<tr><td>其他含粒料的石灰工业废渣</td><td>二级及二级以下公路底基层95%或93%，基层97%以上；高速公路和一级公路的底基层97%或95%，基层98%以上</td></tr>
<tr><td colspan="2">抗压强度</td><td>稳定细粒土，每作业段或每2000 m^2 6个试件；稳定中粒土和粗粒土，每一作业段或每2000 m^2 6个或9个试件</td><td>符合规定要求</td></tr>
</table>

（4）对于无机结合料稳定基层，应取钻件（俗称路面芯样）检验其整体性。水泥稳定基层的龄期为7～10天时，应能取出完整的钻件。二灰稳定基层的龄期为20～28天时，应能取出完整的钻件。

如果路面钻机取不出水泥稳定基层或二灰稳定基层的完整钻件，则应找出不合格基层的界限，进行返工处理。

三、竣工工程检查验收

（1）检查验收的目的是判定完成的路面结构层是否满足设计文件与施工规范的要求。

(2)判定路面结构层质量是否合格(即满足要求)时,以1 km长的路段为评定单位。采用大流水作业法施工时,也可以每天完成的段落为评定单位。

(3)检查施工原始记录,对上述检查内容进行初步评定。

(4)进行抽样检查。抽样必须是随机的,不能带任何倾向性。

(5)竣工工程外形的检查项目、频度和质量标准值应符合表3-8的要求。

表3-8 竣工工程外形的检查项目、频度和质量标准值

工程类别	项目		频度	质量标准	
				高速公路和一级公路	二级和二级以下公路
路基	高程/mm		每200 m 4点	+10,-15	+10,-20
	宽度/mm		每200 m 4个断面	不小于设计值	不小于设计值
	横坡度/%		每200 m 4个断面	+0.5	+0.5
	平整度/mm		每200 m 2处,每处连续10尺(3 m直尺)	<15	<20
底基层	高程/mm		每200 m 4点	+5,-15	+5,-20
	厚度/mm	均值	每200 m每车道1点	-10	-12
		单个值		-25	-30
	宽度/mm		每200 m 4个断面	0以上	0以上
	横坡度/%		每200 m 4个断面	±0.3	±0.5
	平整度/mm		每200 m 2处,每处连续10尺	12	15
基层	高程/mm		每200 m 4点	+5,-10	+5,-15
	厚度/mm	均值	每200 m每车道1点	-8	-10
		单个值		-15	-20
	宽度/mm		每200 m 4个断面	0以上	0以上
	横坡度/%		每200 m 4个断面	±0.3	±0.5
	平整度/mm		每200 m 2处,每处连续10尺	8	12
			连续式平整度仪的标准差/mm	3.0	—

厚度检查后，应按如下公式分别计算其平均值$\bar{x}$和标准差S

$$\bar{x}=\frac{x_1+x_2+\cdots+x_n}{n}$$

$$S=\sqrt{\frac{\left(x_1-\bar{x}\right)^2+\left(x_2-\bar{x}\right)^2+\cdots+\left(x_n-\bar{x}\right)^2}{n-1}}$$

式中：x_1、x_2、$\cdots$、x_n——每次检查得到的厚度值；

n——检查数量。

按照下面公式计算算术平均值的下置信限$\bar{x}_L$

$$\bar{x}_L=\bar{x}-t_a\frac{S}{\sqrt{n}}$$

式中：t_a——分布表中随自由度和保证率（或置信度a）而变的系数，对高速公路和一级公路应取保证率系数为99%，对其他公路可取保证率系数为95%。

$\bar{x}_L$——厚度平均值的下置信限，应不小于设计厚度减去均值允许误差。

（6）应按表3-9对工程质量进行检查验收。

表3-9　质量合格标准值

工程类别	检查项目	检查数量	标准值	极限低值
路基	压实度	200 m 4处（灌砂法）	重型压实标准，二级和二级以下公路93%以上，高速公路和一级公路不小于95%	二级和二级以下公路88%，高速公路和一级公路90%
	碾压检验	全面随时	无“弹簧”现象	—
	弯沉值	第一评定段（不超过1 km）每车道40～50个测点	按附录A所得的弯沉标准值	—
无结合料底基层	压实度	6～10处	96%	92%
	弯沉值	每车道40～50个测点	按附录A所得的弯沉标准值	—
级配碎石（或砾石）	压实度	6～10处	基层98%	94%
			底基层96%	92%
	颗粒组成	2～3	规定级配范围	

续表

工程类别	检查项目	检查数量	标准值	极限低值
	弯沉值	每车道40～50个测点	按附录A所得的弯沉标准值	—
填隙碎石	压实度(固体体积率)	6～10处	基层85%	82%
			底基层83%	80%
	弯沉值	每车道40～50个测点	按附录A所得的弯沉标准值	—
水泥土、石灰土、二灰、二灰土	压实度	6～10处	93%(95%)	89%(91%)
	水泥或石灰剂质量/%	3～6处	设计值	水泥1.0%、石灰2.0%
水泥稳定土、石灰稳定土、石灰工业废渣稳定土	压实度	6～10处	基98%(97%)	94%(93%)
	颗粒组成		底基层96%(95%)	92%(91%)
	水泥或石灰剂质量/%	2～3	规定顶级范围	
		3～6处	设计值	设计值-1.0%

注:对于路基,碾压检验是最重要的。用重型压路机在准备验收的路基上错轮碾压3～4遍,能暴露潜在的薄弱位置,以便及时进行必要的处理;以每天完成段落为评定单位时,检查数量可取低值,以1 km为评定单位时,检查数量应取高值。

(7)测量弯沉后,考虑一定保证率测量值的上波动界限按下式计算

$$l_r = \bar{l} + Z_a S$$

式中:l_r——测量值的上波动界限(即代表弯沉值);

$\bar{l}$——标准车测得的弯沉的平均值;

Z_a——与要求保证率有关的系数,高速公路和一级公路可取Z_a=2.0;二级公路取Z_a=1.645;二级以下公路取Z_a=1.5。

在计算观测值的平均值和标准差时,可将超出$[\bar{l} \pm (2\sim3)S]$的弯沉特异值舍弃。舍弃后,计算得出的代表弯沉值应不大于容许的弯沉值。对舍弃的弯沉值过大的点,应找出其周围界限,并进行局部处理。水泥或石灰剂量测定后,其下置信限应不小于设计值。对超出极限值的点,应找出其范围并进行局部处理。

第四章 沥青路面施工与质量控制

第一节 沥青路面基本特性及分类

一、基本特性

沥青路面是通过各种方式将沥青材料与矿料均匀混合，经铺筑后形成路面面层，并与其他各类基层和垫层共同组成路面结构的统称。由于使用沥青作结合料，矿料间的黏结力获得很大增强，提高了混合料的强度和稳定性，使路面的使用性能和耐久性都得到了提高。与水泥混凝土路面相比，沥青路面具有表面平整、无接缝、行车舒适、耐磨、振动小、噪声低、施工期短、养护维修简便、适宜分期修建等优点，因此应用非常广泛。沥青路面属于柔性结构，面层抗拉强度较低，其整体强度和稳定性在很大程度上取决于土基和基层的特性，因而要求基层和土基必须具有足够的强度和良好的稳定性。由于沥青是一种典型的感温性材料，在夏季高温时沥青路面会出现软化现象，导致在行车荷载作用下出现车辙、拥包、推挤等变形和破坏；在冬季低温时，沥青路面的抗变形能力会降低，有时会出现低温开裂现象。因此，必须选用质量符合要求的原材料并进行合理的混合料组成设计，采用先进的施工设备和工艺组织施工，以此获得质量满足设计和施工技术规范要求的沥青路面。

二、沥青路面的分类

根据施工工艺的不同，沥青路面可分为层铺法施工的沥青路面、路拌法施工的沥青路面和厂拌法施工的沥青路面三种。

(一)层铺法施工的沥青路面与封层

层铺法施工是将沥青分层洒布、矿料分层撒铺，然后碾压形成沥青面层的施工方法。其主要优点是工艺和设备简便、功效较高、施工进度快、造价较低；缺点是结构强度低、使用寿命短、路面成型期较长，需要经过炎热季节行车碾压之后路面才能最终成型。根据铺装时所采用的具体工艺、结构层厚度、适用条件的不同，层铺法施工的沥青路面又分为沥青表面处置、沥青贯入式和碎石封层等类型。

沥青表面处置路面是指用沥青和矿料按层铺法铺筑而成的、厚度一般为1.5～3.0 cm的沥青路面。表面处置可做成单层或多层，优点是摩擦系数大，表面构造深度深，有利于车辆行驶安全。此外，它还具有良好的抗温度开裂性能。沥青表面处置适用于三级、四级公路的面层、旧沥青面层上加铺罩面或抗滑层、磨耗层等。

沥青贯入式路面是靠矿料颗粒间的锁结作用以及沥青的黏结作用获得所需的强度和稳定性，采用层铺法施工，厚度通常为4～8 cm（用作基层时，厚度可达10 cm），也称为沥青贯入碎石。当沥青贯入式路面的上部加铺拌和的沥青混合料时称为上拌下贯，此时，拌和层的厚度宜为3～4 cm，其他厚度为7～10 cm。沥青贯入式路面适用于作二级及二级以下公路的沥青面层。若沥青贯入碎石设在沥青混凝土面层与半刚性基层或粒料基层之间成为联结层时，也可作路面基层使用。

碎石封层路面同样采用层铺法施工，施工工艺和工序与沥青表面处置相同，但要求结合料有较大的黏结强度和稳定性。一般情况下要求使用改性沥青，使用粒径严格单一的石料，对石料的洁净度和针片状含量要求高，施工时用机械洒布沥青和撒铺石料，对施工机械的要求比较高。这使路面成型后具有较大的构造深度，有利于行车安全。根据碎石撒铺工艺的不同，碎石封层分为异步碎石封层和同步碎石封层两种。

（二）路拌法施工的沥青路面

路拌法是指在路上用人工或机械将矿料和沥青材料就地拌和、摊铺、碾压密实后形成沥青结构层的施工方法。路拌法施工时，通过就地拌和，沥青材料在矿料中的分布比层铺法均匀，可以缩短路面的成型期。但因所用矿料为冷料，需使用黏稠度较低的沥青材料，故混合料的强度较低。比较典型的路拌法施工沥青路面为乳化沥青碎石混合料路面，这种沥青路面适用于做三、四级公路的沥青面层，二级公路养护罩面以及各级公路的调平层。

（三）厂拌法施工的沥青路面

厂拌法施工的沥青路面是用不同粒径的碎石、天然砂（或机制砂）、矿粉和沥青按一定比例在拌和机中热拌所得的拌和物（称为热拌沥青混合料，Hot Mixture Asphalt，简称HMA），然后在规定温度范围内运到工地并用摊铺机摊铺，再碾压成型的沥青路面。这种混合料的矿料具有严格的级配，当这种混合料被压实达到规定的强度和孔隙率后，就称作沥青混凝土。沥青混凝土具有很高的强度和密实度，常温下还具有一定的塑性。它的强度和密实度是各种沥青矿料混合料中最高的。沥青混凝土透水性小、水稳性好、有较强的抵抗自然因素影响和行车荷载作用的能力，使用寿命长、耐久性好。

根据热拌沥青混合料强度构成原理、矿料级配组成、路用性能等因素的不同，厂拌法施工的沥青路面可作如下分类：

（1）按混合料强度构成原理不同可分为级配密实型和嵌挤锁结型。级配密实型沥青混合料的矿料级配按最大密实原则设计，其强度和稳定性主要取决于混合料中沥青与矿料的黏聚力，矿质颗粒之间的摩阻力处于次要地位。此类混合料沥青用量通常较大，强度受温度影响明显，但抗渗水性、耐久性较好。

嵌挤锁结型沥青混合料采用颗粒尺寸较大且级配较均匀的矿料，细集料和填料较少，形成开级配沥青混合料。嵌挤锁结型沥青混合料路面比级配密实型沥青混合料路面的高温稳定性要好，但因空隙率大、易渗水，因而耐久性相对较差。

（2）按材料组成及结构分为连续级配沥青混合料、间断级配沥青混合料。连续级配沥青混合料的矿料具有连续、光滑的级配曲线。若矿料级配组成中缺少一个或几个粒径档次（或用量很少），则成为间断级配沥青混合料。

(3)按矿料级配组成和空隙率分为密级配、半开级配、开级配混合料。若矿料具有连续级配,设计空隙率为3%~6%时称为密级配沥青混合料。若矿料由适当比例的粗集料、细集料及少量填料(或不加填料)组成,标准马歇尔击实成型试件的空隙率为6%~12%,即为半开级配沥青碎石混合料。若沥青混合料采用颗粒尺寸较大且较为均一的矿料、细集料,且填料较少,设计空隙率达到18%或更大,即为开级配沥青混合料,如大空隙开级配排水式沥青碎石混合料。

(4)按公称最大粒径分为特粗式(公称最大粒径大于31.5 mm)、粗粒式(公称最大粒径等于或大于26.5 mm)、中粒式(公称最大粒径为16 mm或19 mm)、细粒式(公称最大粒径为9.5 mm或13.2 mm)、砂粒式(公称最大粒径小于9.5 mm)。

(5)沥青玛蹄脂碎石混合料(Stone Matrix Aspalt,简称SMA)。由沥青结合料与少量的纤维稳定剂、细集料及较多的填料组成的沥青玛蹄脂填充于具有间断级配的粗集料骨架的空隙中组成沥青混合料整体,即沥青玛蹄脂碎石混合料。它具有抗滑、耐磨、密实耐久、抗疲劳、抗高温车辙、抗低温开裂等优点,同时能有效减轻行车噪声污染,是一种优质的沥青路面类型,适用于高速公路、一级公路表层,其厚度为3.5~4 cm。

第二节 沥青路面对原材料的技术要求

一、沥青

沥青路面所用的沥青材料有石油沥青、煤沥青、液体石油沥青和沥青乳液等。

石油沥青在道路建筑中使用最广,可以用在不同地区和不同等级道路上铺筑各种沥青面层和基层。石油沥青的性质与石油的性质和获得沥青的方法有关。高树脂、少石蜡的石油是道路沥青的最好原料。煤沥青主要由炼焦或制造煤气得到的高温焦油加工而得,它的主要成分是芳香族碳氢化合物及其氧、氮和硫的衍生物的混合料。煤沥青与石油沥青相比，温度稳定性低，易老化，但其与矿料颗粒表面的黏附性较好。因煤沥青会造成轻微的空气污染，一般不宜作沥青面层，仅作为透层沥青使用。沥青乳液也称乳化沥青，它是沥青经机械作用分裂为细微颗粒，分散于含有表面活性物质（乳化剂—稳定剂）的水中，形成均匀而稳定的分散系。根据其中表面活性物质的特性及形成乳胶体的性质，乳化沥青可分为乳液和乳膏两大类。选用乳化沥青时，对于酸性石料、潮湿的石料以及低温季节施工时，宜选用阳离子乳化沥青；对于碱性石料或掺入水泥、石灰、粉煤灰共同使用时，宜选用阴离子乳化沥青。

沥青路面采用的沥青标号，宜按照公路等级、气候条件、交通条件、路面类型、施工方法，在路面结构中的层位及受力特点等，结合当地使用经验，经技术论证后确定。当缺乏所需标号的沥青时，可使用不同标号的沥青进行掺配。

随着公路交通量增大和对路面性能要求的提高，在原有工业生产所获基质沥青性能不能满足要求的情况下，可采用改性沥青。改性沥青可单独或复合采用高分子聚合物、天然沥青及其他改性材料制作。

二、粗集料

沥青路面可用轧制碎（砾）石、筛选砾石、矿渣等作为粗集料。粗集料在沥青混合料中起形成矿质骨架的作用，对混合料的强度等一系列路用性能影响很大。碎石应均匀、清洁、坚硬、无风化、杂质少，小于0.05 ㎜的颗粒含量应小于2%，吸水率小于2%～3%。颗粒形状接近立方体并有多棱角，扁平颗粒含量应小于15%，杂质含量不能超标，压碎值应不大于20%～30%。轧制砾石由天然砾石轧制并经筛选而得，要求大于5 ㎜颗粒中40%（按重量计）以上至少有一个破碎面。用于沥青贯入式面层时，主层矿料中要有30%～40%（按重量计）以上的颗粒至少有两个破碎面。

施工用砾石由天然砾石筛选而得。由于天然砾石是各种岩石经自然风化而成的不同尺寸的粒料，强度极不均匀，而且多是圆滑形状，因此，筛选砾石仅适用于在交通量较小的路面面层下层、基层的沥青混合料中使用，不宜用于防滑向层。在交通量大的沥青路面面层，若使用砾石拌制沥青混合料，则在砾石中至少应掺有50%（按重量计）粒径大于5 ㎜的碎石或经轧制的砾石。沥青贯入式路面用砾石时，主层矿料中亦应掺有30%～40%以上的碎石或轧制砾石。

粗集料与沥青材料的黏附性大小对沥青混合料的强度和耐久性有极大影响，应优先选用与石油沥青材料有良好黏附性的碱性碎（砾）石。集料与沥青材料的黏附性用水煮法测定时，一般公路不小于3级，高等级公路应不小于4级。

用于高速公路、一级公路沥青路面表面层及各类抗滑表层的粗集料要符合规定的石料磨光值要求，应选用坚硬、耐磨、抗冲击好的碎石，不得使用筛选砾石、矿渣及软质集料。为了保证石料与沥青之间有较好的黏结性能，经检验属于酸性岩石的石料，用于高速公路、一级公路和城市快速路、主干道时宜使用针入度较小的沥青，必要时可在沥青中掺入抗剥离剂，或用干燥的磨细消石灰或生石灰粉、水泥作为矿粉的一部分，其用量宜为矿料总量的1%～2%；将粗集料用石灰浆处理后也可以有效提高石料与沥青之间的黏结力。

三、细集料

细集料与粗集料共同形成混合料矿质骨架。沥青面层的细集料可采用天然砂、机制砂及石屑等。热拌密级配沥青混合料中，天然砂的用量通常不超过集料总量的20%，沥青玛蹄脂碎石混合料及开级配抗滑磨耗层混合料不宜使用天然砂。机制砂系从轧制岩石中筛选而得，其最大粒径一般小于5 ㎜。无论天然砂还是机制砂，均要求坚硬、干净、干燥、无风化、不含杂质，并且应有适当的级配。热拌沥青混合料宜采用优质的天然砂或机制砂，在缺乏砂资源地区也可以用石屑。但由于一般情况下石屑的含泥量高，强度不高，因此，高速公路、一级公路沥青混凝土面层及抗滑表层的石屑用量不宜超过天然砂及机制砂的用量。河砂、海砂的颗粒缺乏棱角，表面光滑，使用时虽能增加和易性，满足了提高密实度的要求，但内摩阻角较小，为了提高混合料的内摩阻角，可掺加部分人工砂。

细集料应与粗集料一样，要求与沥青形成良好的黏结力。与沥青黏结很差的天然砂以及用花岗岩、石英岩等酸性石料破碎的机制砂或石屑不宜用于高速公路、一级公路的沥青面层，必须使用时，应有抗剥落措施。

四、矿粉与纤维稳定剂

混合料中矿粉与沥青形成沥青胶浆，填充于矿质骨架空隙中，在密级配沥青混合料中，矿粉表面积占全部矿料表面积的90%以上，矿粉的使用使矿料比表面积大大增加，从而沥青以结构沥青形式存在，减少自由沥青数量，有利于提高沥青黏结力，获得较高的强度。宜采用除尽泥土杂质的石灰岩或岩浆岩中的强基性、憎水性岩石经磨细得到的矿粉。也可采用水泥、石灰、粉煤灰作矿粉，但其用量不宜超过矿料总量的2%。其中粉煤灰用量不得超过填料总量的50%，且烧失量不超过12%，与矿粉混合后的塑性指数不小于4%，高速公路、一级公路的沥青面层不宜采用粉煤灰做填料。

矿粉中所含小于0.075 ㎜的颗粒应不少于30%，但过细颗粒的含量也不宜过多，否则会降低混合料施工的和易性和水稳性。对矿粉的要求是干燥、洁净。

在SMA混合料中，纤维稳定剂与矿粉、沥青共同形成沥青玛蹄脂，填充于粒径较为单一的集料空隙中，是沥青玛蹄脂碎石混合料的重要组成部分。纤维稳定剂在SMA混合料中有以下主要作用。

1. 加筋作用

纤维在混合料中以三维状分散相存在，犹如钢纤维混凝土、土工格栅等加筋材料所起的作用。

2. 分散作用

混合料中加入纤维后，可使沥青与矿粉形成的胶团适当分散，形成均匀的材料体系。如果没有纤维，由于沥青和矿粉用量较大，所形成的胶团不能均匀地分散到集料之间，混合料铺筑在路面上会形成明显的“油斑”，成为沥青路面施工的另一种离析现象。

3.吸附与吸收沥青的作用

在SMA混合料中加入纤维稳定剂，充分吸附（表面）及吸收（内部）沥青，从而使沥青用量增加，沥青膜变厚，有利于提高混合料耐久性。

4.稳定作用

纤维可使沥青膜处于比较稳定的状态，尤其在夏季高温季节，沥青受热膨胀时，纤维内部的空隙具有缓冲作用，不致使其成为自由沥青，有利于改善混合料高温稳定性。

5.增黏作用

纤维将增加沥青与矿料的黏附性。

第三节 沥青混合料组成设计

沥青混合料组成设计包括确定沥青混合料材料品种及混合料类型、矿料最优级配、最佳沥青用量。在工程实践中，高速公路和一级公路的热拌沥青混合料配合比设计分试验室目标配合比设计，施工阶段的生产配合比设计及生产配合比验证三个阶段进行。我国《公路沥青路面施工技术规范》（JTG F40—2004）规定，热拌沥青混合料配合比设计采用马歇尔试验方法。

一、试验室目标配合比设计

（一）设计任务

根据公路性质、交通量、路用性能要求、筑路材料、当地气候条件、施工技术水平等选择原材料，确定混合料类型、矿料级配类型和最佳沥青用量。具体设计时计算工程实际使用的各种材料的用量比例后配合成符合规范要求的矿料级配，进行马歇尔试验，确定最佳沥青用量。以此矿料级配及沥青用量作为目标配合比，供拌和机确定各冷料仓的供料比例、进料速度及试拌使用。

(二)设计流程

1.确定混合料类型

混合料类型由矿料公称最大粒径确定。矿料最大粒径对沥青混合料路用性能影响很大。当结构层厚度(h)与矿料最大粒径(D)的比值较小时,沥青混合料的高温稳定性提高,车辙等损害减小,但抗疲劳能力降低;当h/D增大时,矿料细集料含量多,沥青用量大,沥青混合料的抗疲劳特性提高,但高温稳定性下降。通常取$h/D \geqslant 2$,此时沥青混合料施工和易性、可压实性较好,容易达到规定的密实度和平整度。确定矿料最大粒径后,根据混合料所在层位、气候环境、材料来源、施工条件等确定沥青混合料类型。

2.原材料选择

根据原材料技术性能等各种因素对沥青混合料路用性能的影响情况,结合当地材料供应等条件,按技术、经济合理的原则,通过相关试验选择质量符合要求的原材料品种。

3.确定工程设计级配范围

根据公路等级、工程性质、气候条件、交通条件、材料供应条件等确定混合料工程设计级配范围,根据材料实际情况进行工程设计级配范围调整,并遵循以下原则。

(1)对于夏季气温较高、高温持续时间长、重载交通多的路段,宜采用粗型密级配沥青混合料(AC-C型),并取较大的设计空隙率。对于冬季气温较低或重载交通较少的路段,宜选用细型密级配沥青混合料(AC-F型),并取较小的设计空隙率。

(2)为确保高温抗车辙能力,同时兼顾低温抗裂性能的要求。配合比设计时宜适当减少公称最大粒径附近的粗集料用量,减少0.6 ㎜以下部分细粉的用量,使中档粒径集料较多,形成S型级配曲线,并取中等或偏高的设计空隙率。

(3)确定工程设计级配范围应考虑混合料所在路面层位的功能要求,经组合设计的沥青路面应能满足耐久、稳定、密水、抗滑等要求。

(4)根据公路等级和施工设备的控制水平确定的级配范围应比规

范级配范围窄。

(5)沥青混合料的配合比设计应充分考虑施工性能，使沥青混合料容易摊铺和压实，避免造成严重的离析现象。

4.矿料配合比设计

在实际工程中，常常需要用两种或两种以上具有不同级配的原材料掺配后才能得到符合既定级配要求的矿质集料，即对矿料进行配合比设计。

高速公路和一级公路沥青路面矿料配合比可借助电子表格用试配法进行，其他等级公路沥青路面也可参照进行。矿料级配曲线按《公路工程沥青及沥青混合料试验规程》(JTG E20—2011)的方法绘制。

5.马歇尔试验

以预估的沥青用量(根据以往工程经验结合工程实际情况确定)为中值，按一定间隔(密级配沥青混合料可为0.5%，沥青碎石混合料可为0.3%)取5个或5个以上不同沥青用量的混合料分别制成马歇尔试件。每组试件的数量按试验规程要求确定，对粒径较大的沥青混合料应增加试件数量。测定马歇尔击实试件的毛体积相对密度、吸水率。计算沥青混合料试件的空隙率、矿料间隙率、有效沥青的饱和度等体积指标，进行体积组成分析。进行马歇尔试验，测定马歇尔稳定度和流值。

6.最佳沥青用量的调整

在上述试验和计算结果的基础上，根据实践经验、公路等级、气候条件、交通情况来调整最佳沥青用量。

(1)调查当地各项条件接近的工程的沥青用量及使用效果，论证适宜的最佳沥青用量。检查计算确定的最佳沥青用量是否与调查结果接近，若相差甚远应查明原因，必要时重新调整级配，再进行配合比设计。

(2)对炎热地区的公路以及高速公路、一级公路的重载交通路段，山区公路的长陡坡度路段，预计可能产生较大车辙时，宜在空隙率符合要求的范围内将计算的最佳沥青用量减小0.1%～0.5%作为设计沥青用量。此时,除孔隙率外的其他指标可能会超出马歇尔配合比设计技术标准,在配合比设计报告或设计文件中必须说明,并要求必须采用重型轮胎压路机和振动压路机组合等方式加强碾压,使施工后路面的空隙率达到未调整前的最佳沥青用量时的水平,且渗水系数符合要求。若试验路段达不到上述要求,应减少沥青用量。

(3)对寒区公路、旅游区公路、交通量较小的公路,最佳沥青用量可以在前述计算最佳沥青用量的基础上增加0.1%～0.3%,以适当减小空隙率,但不降低压实标准。

7.配合比设计检验

用于高速公路、一级公路的密级配沥青混合料,需在上述配合比设计的基础上进行各种使用性能的检验,不符合要求的沥青混合料,必须更换材料或重新进行配合比设计。其他等级公路的沥青混合料也可参照进行。检验项目包括高温稳定性检验、水稳定性检验、低温抗裂性能检验、渗水系数检验。以上各性能指标的试验测定均应在规定条件下进行并满足相关技术要求。

公称最大粒径等于或小于19 ㎜的混合料,按规定方法进行车辙试验和低温弯曲试验。利用轮碾机成型的车辙试验试件应进行渗水检验。

8.配合比设计报告

沥青混合料配合比设计报告内容包括工程设计级配范围选择说明、材料品种选择与原材料质量试验结果、矿料级配、最佳沥青用量以及各项体积指标、配合比设计检验结果等,矿料级配曲线应按照规定的方法绘制。

二、生产配合比设计阶段

对间歇式拌和机,必须对二次筛分后进入各热料仓的材料取样进行筛分,以确定各热料仓的材料比例,供拌和机控制室使用。同时反复调整冷料仓进料比例以达到供料均衡,并取目标配合比设计的最佳沥青用量、最佳沥青用量+0.3%和最佳沥青用量-0.3%这三种沥青用量进行马歇尔试验,最终确定生产配合比的最佳沥青用量。

三、生产配合比验证阶段

拌和机采用生产配合比进行试拌，铺筑试验路段，并用所拌和沥青混合料及路上钻取的芯样进行马歇尔试验检验，由此确定生产用的标准配合比，并作为生产上控制的依据和质量检验的标准。标准配合比的矿料级配至少应包括0.075 mm、2.36 mm、4.75 mm三档，三档的筛孔通过率接近要求级配范围的中值。经验证确定的标准配合比在施工过程中不能随意变更。生产过程中，当进场材料发生变化，沥青混合料的矿料级配、马歇尔试验技术指标不符合要求时，应及时调整配合比，使沥青混合料质量符合要求并保持相对稳定，必要时重新进行配合比设计。

SMA是一种由沥青、纤维稳定剂、矿粉及少量的细集料组成的沥青玛蹄脂填充于间断级配的粗集料骨架空隙中所形成的沥青混合料。其最基本组成是形成骨架的粗碎石和沥青玛蹄脂结合料。SMA混合料是一种全新的沥青混合料类型，其组成不同于密级配沥青混合料的悬浮密实型结构，也不同于半开级配沥青碎石的骨架空隙结构，而是一种骨架嵌挤密实结构。具有“三多一少”的特点，即：粗集料多、矿粉多、沥青结合料多、细集料少。由于与普通沥青混合料在组成设计上存在较大差异，SMA的配合比设计不完全依靠马歇尔试验方法，而是以体积指标确定。

SMA混合料组成设计仍然按目标配合比设计、施工配合比设计、施工配合比验证三个阶段完成。

(一)原材料选择、取样

1.沥青结合料

SMA混合料中沥青结合料的质量必须满足沥青玛蹄脂的需要，要求有较高的黏度，符合一定的技术要求，保证混合料具有足够的高温稳定性和低温韧性。

2.矿料

SMA之所以有较好的高温稳定性，主要得益于含量甚高的粗集料之间的嵌挤作用，而嵌挤作用的大小则取决于集料石质的坚韧性、集料颗粒形状和棱角多少。粗集料是否具有这些方面良好的性质，是SMA成败的关键。因此，粗集料必须具有良好的抗滑性能、低压碎值及坚韧性，同时颗粒接近立方体、表面粗糙、棱角丰富、扁平颗粒含量少。由于SMA混合料通常选用改性沥青，故质地坚硬的花岗岩、石英岩、砂岩均可使用。

SMA混合料中细集料用量通常少于10%，可选用坚硬岩石反复破碎后得到的机制砂，因为机制砂具有丰富的棱角和嵌挤性能，有利于提高混合料高温稳定性。

SMA混合料中矿粉与沥青用量之比可达1.8～2.0，大于密级配沥青混合料，通常选用磨细的石灰石粉。

3.纤维稳定剂

生产SMA混合料必须采用纤维稳定剂。可以使用的纤维包括矿物纤维、木质素纤维、聚合物有机纤维等。

SMA混合料所用结合料、矿料及纤维稳定剂应通过相关试验进行质量检测，各项性能参数应符合前述相关技术标准要求。

（二）矿料级配确定

1.设计初试级配

公称最大粒径等于或小于9.5 mm的SMA混合料以2.36 mm作为粗集料骨架的分界筛孔；公称最大粒径等于或小于13.2 mm的SMA混合料以4.45 mm作为粗集料骨架的分界筛孔。在工程设计级配范围内，调整各种矿料比例，设计3组粗细不同的初试级配，这3组粗集料骨架分界筛孔的通过率处于级配范围的中值、中值±3%附近，矿粉数量均为10%左右。

2.选择沥青用量，测定V_{MA}、V_{CADRC}

计算初试级配矿料的合成毛体积相对密度、合成表观密度和有效密度。筛出合成级配中颗粒小于粗集料骨架分界筛孔的集料，用捣实法测定粗集料骨架的松方毛体积相对密度，计算粗集料骨架混合料的平均毛体积相对密度，并计算各组初试级配在捣实状态下的粗集料松装间隙率V_{CADRC}。

预估SMA混合料适宜的沥青用量作为马歇尔试验的初试沥青用量。并以此沥青用量和选定的矿料级配制作马歇尔试件，测定试件的毛体积相对密度，马歇尔标准击实次数为双面50次，一组马歇尔试验试件数目不少于4～6个。

3.改变沥青用量，测定空隙率，确定最佳沥青用量

计算在不同沥青用量下SMA混合料的最大理论相对密度。

按下式计算马歇尔试件中的粗集料骨架间隙率。试件其他体积指标空隙率V_V、集料间隙率V_{MA}、沥青饱和度V_{FA}的计算与密级配沥青混合料有关计算相同。

$$V_{CA\,mix} = (1 - \frac{r_f}{r_{CA}} p_{CA})100$$

式中：V_{CAmix}——粗集料骨架间隙率；

P_{CA}——沥青混合料中粗集料的比例，即大于4.75 ㎜的颗粒含量；

r_f——沥青混合料试件的毛体积相对密度，表干法测定；

r_{CA}——粗集料骨架部分的平均毛体积相对密度。

按照$V_{CAmix} < V_{CADRC}$及$V_{MA} > 16.5\%$的要求，从3组初试级配的试验结果中选择设计配合比，当有1组以上的级配符合上述要求时，以粗集料骨架分界，集料通过率大且V_{MA}较大的级配为设计级配。

（三）确定设计沥青用量

根据所选择的矿料设计级配和初试沥青用量试验的空隙率结果，以0.2%～0.4%为间隔，调整3个不同的沥青用量，制作马歇尔试件，计算空隙率等指标。根据期望的设计空隙率确定沥青用量为最佳沥青用量。

（四）目标配合比设计检验

在上述设计基础上，根据确定的设计矿料级配、最佳沥青用量，按规定方法进行车辙试验、低温弯曲试验、浸水马歇尔试验、渗水试验，检验SMA混合料的高温稳定性、低温抗裂性能、密水性能、水稳定性。此外，为检验SMA混合料中有无多余的自由沥青或沥青玛蹄脂，需进行沥青混合料谢伦堡析漏试验。SMA混合料路面的构造深度大、粗集

料外露，空隙中经常有水，在交通荷载反复作用下，由于集料与沥青的黏结力不足容易引起集料脱落、掉粒、飞散，进而形成坑槽。为了防止出现这种破坏，在SMA混合料配合比设计时，需进行肯塔堡飞散试验的混合料损失或浸水飞散试验。以上两个试验可控制SMA混合料沥青用量不能过多，也不能过少。试验结果可作为确定最佳沥青用量的依据之一。

SMA混合料配合比设计报告内容与密级配沥青混合料配合比设计报告相同。

第四节 沥青路面处置

一、沥青表面处置

沥青表面处置是用沥青裹覆矿料，铺筑厚度小于3 cm的一种薄层路面面层。其主要作用是防水、抗磨耗、防滑和改善碎（砾）石路面的使用品质，改善行车条件。在计算路面厚度时，不作为单独受力结构层。沥青表面处置层在施工完毕后，须经过一段时间的行车碾压，特别是高温下的行车碾压，使其矿料取得最稳定的嵌紧位置，并同沥青黏结牢固，这一过程就称为“成型”阶段。因此，沥青表面处置宜选择在干燥且较热的季节施工，并在雨季前及日最高温度低于15 ℃到来之前半个月结束，使表面处置层通过开放交通后靠行车压实，成型稳定。

沥青表面处置层是按嵌挤原则构成强度的，为了保证矿料间有良好的嵌挤作用，同一层的矿料颗粒尺寸应力求均匀，其最大粒径应与表面处置单层厚度相当。当采用乳化沥青时，为了减少乳液流失，可在主层集料中掺入20%以上的较小粒径的集料。沥青表面处置层施工后，应在路侧另备5 ~ 10 mm的碎石或3 ~ 5 mm的石屑、粗砂或小砾石2 ~ 3 m^2/1000 m^2作为初期养护用料，在施工时与最后一遍料一起撒布。

沥青表面处置可采用道路石油沥青或乳化沥青。在远离城市的地区可采用煤沥青。沥青表面处置各层沥青用量应根据施工气温、沥青标号以及基层情况,在规定范围内选用。

此外,对矿料的其他质量要求,如足够的强度和耐磨性能、与沥青良好的黏结力、干燥清洁无杂质等,也适用于其他类型的沥青路面。

沥青表面处置可采用拌和法或层铺法施工。拌和法施工可采用热拌热铺或冷拌冷铺法,层铺法宜采用沥青洒布车及集料撒布机联合作业,并确保各工序紧密衔接。每个作用段长度应根据压路机数量,沥青洒布设备及集料撒布机能力等确定,当天施工的路段必须在当天完成。单层及三层沥青表面处置的施工程序与双层式相同,仅需相应地减少或增加一次洒布沥青、撒铺矿料和碾压工序。层铺法沥青表面处置的施工工艺如下:

(一)清理下承层

在表面处置层施工前,应将路面下承层清扫干净,使下承层的矿料大部分外露,并保持干燥。对有坑槽、不平整的路段应先修补和整平,若下承层整体强度不足,则应先予补强。级配砂砾、级配碎石下承层及水泥、石灰、粉煤灰等无机结合料稳定土或粒料的半刚性基层上须浇洒透层沥青,并且应尽早铺筑沥青面层。但当乳化沥青作透层时,洒布后应待其充分渗透、水分蒸发后方可铺筑沥青面层,此段时间应在24 h以上。

(二)洒布沥青

下承层清扫或透层沥青充分渗透后,即可按要求的速度浇洒沥青。若采用汽车洒布机洒布沥青,应根据单位面积的沥青用量选定洒布机排挡和油泵挡位;若采用手摇洒布机洒布沥青,应根据施工气温和风向调节喷头离地面的高度和移动的速度,以确保沥青洒布均匀,并应按洒布面积来控制单位沥青用量。沥青的浇洒温度根据施工气温及沥青标号选择,石油沥青的洒布温度为130 ~ 170 ℃,煤沥青的洒布温度为80 ~ 120 ℃。乳化沥青在常温下洒布,当气温偏低、破乳及成型过慢时,可将乳液加温后洒布,但乳液温度不得超过60 ℃。

沥青洒布要均匀。当发现有空白、缺边时，应立即人工补洒，有沥青积聚时应予刮除。沥青浇洒的长度应与集料撒布机能力相配合，应避免沥青浇洒后等待较长时间才撒铺集料。为保证前后两车浇洒的接茬搭接良好，可用铁板或建筑纸等横铺在本段起洒点前及终点后，长度为1～1.5 m。如需分数幅浇洒时，纵向搭接宽度为10～15 cm。若浇洒第二、三层沥青时，搭接缝应错开。

（三）铺撒矿料

洒布沥青后应趁热迅速铺撒矿料，按规定用量一次撒足。撒料后应及时扫匀，达到全面覆盖一层、厚度一致、集料不重叠，也不露出沥青的要求。当局部有缺料时，应采用人工方法适当找补，局部集料过多时，应将多余集料扫出。若使用乳化沥青，集料铺撒必须在乳液破乳之前完成，若沥青为分幅浇洒，在两幅的搭接处，第一幅浇洒沥青应暂留10～15 cm宽度不撒石料，待第二幅浇洒沥青后一起铺撒集料。

（四）碾压

铺撒矿料后即用60～80 kN双轮压路机或轮胎压路机及时碾压。碾压应从一侧路缘压向路中心。碾压时，每次轮迹重叠约30 cm，碾压3～4遍。压路机行驶初始速度为2 km/h，以后可适当提高。

（五）双层式或三层式沥青表面处置施工

重复（二）（三）（四）步工艺。

（六）初期养护

当发现表面处置层有泛油时，应在泛油处补撒与最后一层石料规格相同的嵌缝料并扫匀，过多的浮动集料应扫出路面外，并不得搓动已经黏着就位的集料。如有其他破坏现象，也应及时进行修补。

除乳化沥青表面处置应待破乳后水分蒸发并基本成型后方可通车外，沥青表面处置层在碾压结束后即可开放交通。在通车初期应设专人指挥交通或设置障碍物控制行车，使路面全部宽度均匀压实。在路面完全成型前应限制行车速度不超过20 km/h，严禁畜力车及铁轮车行驶。

二、透层、黏层与封层沥青处置

(一)透层

透层是为了使路面沥青层与非沥青材料层结合良好而在非沥青材料层上浇洒乳化沥青、煤沥青或液体石油沥青后形成的透入基层表面的薄沥青层。在级配碎砾石及半刚性基层上铺筑沥青混合料面层时必须浇洒透层沥青。透层沥青宜使用慢裂洒布型乳化沥青,也可使用中、慢裂液体石油沥青或煤沥青。表面致密、平整的半刚性基层上宜采用较稀的透层沥青,粒料类基层宜采用较稠的透层沥青。

透层沥青应紧接在幕层施工结束、表面稍干后浇洒。当基层完工后的时间较长时,应对表面进行清扫,若表面过于干燥时,应在基层表面适当洒水并待稍干后浇洒透层沥青。高速公路和一级公路的透层沥青宜采用沥青洒布车喷洒,其他等级公路可采用手工沥青洒布机喷洒。

浇洒透层沥青应符合以下要求:浇洒的透层沥青应渗入基层一定深度,但又不致流淌而在表面形成油膜;气温低于10 ℃及大风、降雨时不得浇洒透层沥青;浇洒后,禁止车辆、行人通过;未渗入基层的多余透层沥青应刮除,有遗漏的部位应补洒。

在半刚性基层上浇洒透层沥青后,立即以2~3 m^2每1000 m^2的用量将石油或粗砂撒布在基层上,然后用6~8 t的钢筒压路机稳压一遍。当需要通行车辆时,应控制车速。透层沥青洒布后应尽早铺筑沥青面层;用乳化沥青做透层时,应待其充分渗透、水分蒸发后方可铺筑沥青面层,此段时间不宜少于24 h。

(二)黏层

黏层是为加强沥青层之间、沥青层与水泥混凝土面板之间的黏结而洒布的薄沥青层。将热拌沥青混合料铺筑在被污染的沥青层表面、旧沥青路面及水泥混凝土路面上时应浇洒黏层,与新铺沥青路面接触的路缘石、雨水井、检查井等设施的侧面应浇洒黏层沥青。黏层宜采用快裂洒布型乳化沥青,也可采用快、中凝液体石油沥青或煤沥青。黏层沥青宜采用洒布车喷洒并符合以下要求:洒布应均匀,浇洒过量时应刮除；气温低于10 ℃或路面潮湿时不得浇洒，浇洒后严禁除沥青混合料运输车以外的其他车辆通行；黏层沥青浇洒后应紧接着铺筑沥青层，但乳化沥青应待其破乳、水分蒸发后再铺沥青层。路面附属结构侧面可用人工涂刷。

（三）封层

所谓封层即为封闭表面空隙，防止水分浸入面层或基层而铺筑的沥青混合料薄层。铺筑在面层表面的称为上封层，铺筑在面层下面的称为下封层。下列情况下，应在沥青面层上铺筑上封层：沥青面层空隙较大、渗水严重，有裂缝或已修补的旧沥青路面，需要铺抗滑磨耗层或保护层的旧沥青路面。下列情况下，应在沥青面层下铺筑下封层：位于多雨地区且沥青面层空隙较大、渗水严重的路面，基层铺筑后不能及时铺沥青面层而又需开放交通的路面。

可采用拌和法或层铺法施工的单层式沥青表面处置层作封层，二级及二级以下公路的沥青路面可采用乳化沥青稀浆作封层。

乳化沥青稀浆封层是用适当级配的石屑或砂与填料（水泥、石灰、粉煤灰、石粉等）、乳化沥青、外加剂和水按一定比例拌和成流态的乳化沥青稀浆，然后用稀浆封层摊铺机均匀地摊铺在需设置封层的结构层上，厚度为3～6 mm。乳化沥青稀浆混合料用拌和机拌和，拌和时严格控制集料、填料、水、乳液配合比，加水量根据施工和易性要求由稠度试验确定，要求的稠度为2～3 cm。混合料的湿轮磨耗试验的磨耗损失不大于800 g/m^2，轮荷压砂试验的砂吸收量不大于600 g/m^2。

三、沥青贯入式路面处置

沥青贯入式路面具有较高的强度和稳定性，其强度构成主要依靠矿料的嵌挤作用和沥青材料的黏结力，适用于二级及二级以下的公路，城市道路的次干道及支路也可作为沥青混凝土路面的联结层。由于沥青贯入式路面是一种多孔隙结构，为了防止水的下渗，增强路面的水稳定性，路面的最上层应撒布封层料或加铺拌和层。乳化沥青贯入式路面铺筑在半刚性基层上时，应铺筑下封层。沥青贯入层作为联结层时，可不撒表面封层料。

沥青贯入式路面应选择在干燥和较热的季节施工，并在雨季前及日最高温度低于15 ℃到来之前半个月结束，使贯入式结构层通过开放交通碾压成型。

沥青贯入层厚度一般为4～8 cm，但乳化沥青贯入式路面的厚度不应超过5 cm。当贯入层上面加铺拌和的沥青混合料面层时，总厚度宜为6～10 cm，其中拌和层的厚度宜为2～4 cm。

沥青贯入式路面所用的集料应选择有棱角、嵌挤性好的坚硬石料，结合料可采用石油沥青、煤沥青或乳化沥青。材料的其他要求与沥青表面处置层基本相同。

沥青贯入式面层的施工工序如下：

(1)整修和清扫基层。

(2)浇洒透层或黏层沥青。

(3)铺撒主层矿料。颗粒大小要均匀，并检查松铺厚度。严禁车辆在铺好的集料层上通行。

(4)碾压。主层集料铺撒后应采用6～8 t的钢筒式压路机进行初压。碾压速度宜为2 km/h，碾压应自路边缘逐渐移向路中心，每次轮迹重叠约30 cm，接着应从另一侧以同样方法压至路中心，这样称为碾压一遍。检验路拱和纵向坡度，若不符合要求，应调整找平再压，至集料无显著推移为止。然后用10～12 t压路机进行碾压，每次轮迹重叠约1/2，压4～6遍，直至主层集料嵌挤稳定，无显著轮迹为止。

(5)浇洒第一层沥青。沥青的浇洒温度应根据沥青标号及气温情况选择。若采用乳化沥青，为防止乳液下漏过多，可在主层集料碾压稳定后，铺撒一部分上一层嵌缝料，再浇洒主层沥青。

(6)铺撒第一次嵌缝料。主层沥青浇洒后，应立即均匀铺撒第一层嵌缝料，并立即扫匀，不足处应找补。

(7)碾压。嵌缝料扫匀后应立即用8～12 t钢筒式压路机进行碾压，轮迹重叠约1/2，压4～6遍直至稳定。碾压时随压随扫，使嵌缝料均匀嵌入。

(8)浇洒第二层沥青。铺撒嵌缝料,然后碾压。

(9)铺撒封层料。施工要求与铺撒嵌缝料相同。重复该过程,采用68 t压路机碾压2~4遍,然后开放交通。

(10)初期养护。沥青贯入式路面开放交通后的交通控制、初期养护等与沥青表面处置相同。沥青贯入式表面不撒布封层料而加铺沥青混合料拌和层时,应紧跟贯入层施工,使上下成为一个整体。贯入部分采用乳化沥青时,应待其破乳、水分蒸发且成型稳定后方可铺筑拌和层。若拌和层与贯入部分不能连续施工,又要在短期内通行施工车辆时,贯入层部分的第二遍嵌缝料应增加用量2~3 m^2/1000 m^2。在摊铺拌和层沥青混合料前,应清除贯入层表面的杂物、尘土以及浮动石料,再补充碾压一遍,并浇洒黏层沥青。

乳化沥青碎石混合料适用于三级及三级以下公路的沥青面层、二级公路的养护罩面层以及各级公路沥青路面的联结层或整平层。一般情况下,乳化沥青碎石混合料路面的沥青顶层采用双层式;下层采用粗粒式沥青碎石混合料,上层采用中粒式或细粒式沥青碎石混合料。单层式只适合在少雨干燥地区或半刚性基层上使用。在多雨潮湿地区必须做上封层或下封层。

乳化沥青碎石混石料的矿料级配应满足规范要求,并根据已有道路的成功经验试拌确定配合比。其乳液用量应根据当地实践经验以及交通量、气候、石料情况、沥青标号、施工机械等条件确定,也可按热拌沥青碎石混合料的沥青用量折算。实际的沥青用量宜较同规格热拌沥青混合料的沥青用量减少15%~20%。乳化沥青碎石混合料应采用拌和机拌和,在条件受限时也可在现场用人工拌制。适宜拌和时间根据施工现场使用的集料级配情况、乳液裂解速度、拌和机械性能、施工时的气候等具体条件通过试拌确定,机械拌和不宜超过30 s(自矿料中加进乳液的时间算起),人工拌和不超过60 s。

已拌好的混合料应立即运至现场进行摊铺。拌和与摊铺过程中已破乳的混合料,应予废弃。拌制的混合料应用沥青摊铺机摊铺。若采用人工摊铺,应防止混合料离析。松铺系数可通过试验确定。

乳化沥青碎石混合料的碾比应符合以下要求：

混合料摊铺后，采用6 t左右的轻型压路机初压，碾压1～2遍，使混合料初步稳定，再用轮胎压路机或轻型钢筒式压路机碾压1～2遍。初压时应匀速进退不得在碾压路段上紧急制动或快速起动。

当乳化沥青开始破乳，混合料由褐色转变成黑色时，用12～15 t轮胎压路机或10～12 t钢筒压路机复压2～3遍后，立即停止，晾晒一段时间待水分蒸发后，再补充复压至密实为止。压实过程中如有推移现象应立即停止碾压，待稳定后再碾压。如当天不能完全压实，应在较高气温状态下补充碾压。压实成型后的路面应做好早期养护，并封闭交通2～6 h。开放交通初期，应设专人指挥，车速不得超过20 km/h，并不得制动或掉头。严禁畜力车和铁轮车通过。

乳化沥青碎石混合料施工的所有工序，包括路面成型及铺筑上封层等，均必须在冻前完成。上封层应在压实成型、路面水分蒸发后加铺。

第五节 厂拌法施工沥青路面

热拌沥青混合料路面通常采用厂拌法施工，厂拌法施工过程可分为沥青混合料的拌制、运输铺筑及碾压成型等几个阶段，下面对这几个阶段做具体分析。

一、搅拌站建设与搅拌设备

热拌沥青混合料在生产过程中会产生粉尘、废气、废油等污染，搅拌站设置必须符合国家有关环境保护、消防、安全等规定。搅拌站与工地现场的距离应充分考虑道路条件，确保不会因运输导致混合料冷却至规定温度以下，避免混合料因颠簸而产生离析。搅拌站应有功能完善的防、排水设施，各种原材料应分仓堆放，细集料、矿粉等应有防雨顶棚，站内道路应做硬化处理，防止泥土污染集料。

热拌沥青混合料可采用间歇式拌和机或连续式拌和机拌制。前者是在每盘拌和时计量混合料各种材料的重量，而后者则在计量各种材料之后连续不断地送进拌和器中拌和。为保证沥青混合料的质量稳定、沥青用量准确，高速公路和一级公路的沥青混凝土宜采用间歇式拌和机拌和。当工程材料从多处供料，来源或质量不稳定时，不得采用连续式拌和机。各类拌和机均应有防止矿粉飞散的密封及除尘设备，并有检测拌和温度的装置。搅拌系统的各种传感器必须做定期检查，确保各种材料计量准确。

高速公路和一级公路用的间歇式搅拌系统必须配备计算机设备，拌和过程中能逐盘采集并打印各传感器测定的材料用量和沥青混合料拌和量、拌和温度等各种参数。每个台班结束时打印出一个台班的统计量并用于施工质量检查。

二、混合料的拌制

在拌制沥青混合料之前，应根据确定的配合比进行试拌。试拌时对所用的各种矿料及沥青应严格计量。通过试拌和抽样检验确定每盘热拌的配合比及其总重量（对间歇式拌和机），或各种矿料进料口开启的大小及沥青和矿料进料的速度（对连续式拌和机）、适宜的沥青用量、拌和时间、矿料和沥青加热温度以及沥青混合料出厂的温度。对试拌沥青混合料进行试验后，即可选定施工的配合比。

为保证沥青混合料的质量，需要控制拌制温度、运输温度、摊铺温度及碾压温度，尤其应严格控制沥青加热温度。沥青温度过低，混合料拌和不均匀；沥青加热温度过高，可能会导致沥青老化。集料烘干后的残余含水率不超过1%。沥青混合料拌和的时间根据具体情况经试拌确定，以沥青均匀裹覆集料为度，间歇式搅拌系统的每盘生产周期不少于45 s（其中干拌时间不少于5～10 s），改性沥青和SMA混合料的拌和时间应适当延长。经拌和后的沥青混合料应均匀一致，无花白料，无结团成块或严重的粗细料分离现象。不符合要求时不得使用，并应及时统计相关参数。

生产添加纤维的沥青混合料时,必须将纤维充分分散到混合料中,搅拌均匀。拌和机应同步添加投料设备,松散的絮状纤维可在喷入沥青的同时或稍后采用风送设备喷入拌和机,搅拌时间延长5 s以上。颗粒纤维在粗集料投入的同时自动加入,经5~10 s的拌和后,再投入矿粉。

三、混合料运输

热拌沥青混合料应采用较大吨位的自卸汽车运输,车厢应清扫干净。为防止沥青与车厢板黏结,车厢侧板和底板可涂一薄层油水混合液(柴油与水的比例可达1:3),但不得有余液积聚在车厢底部。混合料运输所需的车辆数可按下式计算:

$$n=1+\frac{t_1+t_2+t_3}{T}+a$$

式中:n——需要的车辆数;

T——一辆车的沥青混合料拌和与装车所需的时间,min;

t_1——运到铺筑现场所需的时间,min;

t_2——由铺筑现场返回拌和厂所需的时间,min;

t_3——在现场卸料和其他等待时间,min;

a——备用的车辆数(运输车辆发生故障及其他用途时使用)。

沥青混合料运输车的运量应较拌和能力或摊铺能力有所富余,施工过程中摊铺机前方应有运料车在等候卸料。对高速公路和一级公路,开始摊铺时在施工现场等候卸料的运料车不宜少于5辆。

从储料斗向运输车辆卸料时,应多次挪动车辆位置,平衡装料,以减少混合料离析。运输车应有保温、防雨、防污染措施。车辆在施工现场不得超载运输或急制动、急转弯,防止透层、封层受到损伤。车轮不能带入泥土等外物,以防污染摊铺现场。

向摊铺机卸料时,运料车在摊铺机前方100~300 mm处停住,空挡等候,由摊铺机推动缓缓前进并开始卸料,避免撞击摊铺机。有条件时可将混合料卸入转运车经二次拌和后再向摊铺机连续均匀供料。每次卸料务必倒净,尤其是改性沥青混合料和SMA混合料,防止余料结块。应检查每车来料的温度是否达到要求，是否遭雨淋或结团成块。

四、混合料摊铺

（一）下承层准备和放样

沥青混合料面层铺筑前，应对其下的基层或旧路面的厚度、密实度、平整度、路拱等进行检查。基层或旧路面若有坎坷不平、松散、坑槽等，必须在混合料铺筑前整修完毕，并清扫干净。为使铺筑层与下承层黏结良好，在铺筑前4～8 h，在粒料类的下承层上洒布透层沥青；若下承层为旧沥青路面或水泥混凝土路面，则要在旧路面上洒布一层黏层沥青；若下承层为灰土类基层，为防止水渗入基层，加强基层与面层的黏结，要在面层铺筑前铺下封层。

在做好下承层准备的同时，进行必要的施工测量，作为混合料摊铺控制高程、厚度、平整度的依据。

（二）摊铺

热拌沥青混合料应采用沥青混合料摊铺机摊铺。对高速公路和一级公路路面，一台摊铺机的铺筑宽度不宜超过6～7.5 m，避免造成混合料离析。应采用两台或更多台数摊铺机布置成梯队形式同步摊铺，相邻摊铺机之间间距控制在10～20 m，摊铺范围搭接30～60 mm，并避开车道轮迹带，上下层的搭接位置错开200 mm以上。

摊铺机开工前应提前0.5～1 h预热熨平板，至100 ℃或以上。摊铺过程中合理选择熨平板的振捣或夯锤压实装置，使其具有适宜的振动频率和振幅，以提高路面的初始压实度。摊铺机必须缓慢、均匀、连续不间断地作业，不得随意变换速度或中途停顿；摊铺机的螺旋布料器应根据摊铺速度保持均匀、稳定旋转，两侧混合料不低于布料器高度的2/3，以减少混合料离析，提高路面平整度。摊铺速度2～6 m/min，对改性沥青混合料或SMA混合料则应将摊铺速度放慢至1～3 m/min。当发现混合料出现明显的离析、波浪、裂缝、拖痕时，应查明原因并消除。

用机械摊铺的混合料，不宜用人工反复修正。局部机械无法摊铺的部位不可避免用人工找补时，应仔细进行，严防混合料降温过多和离析。

应采用自动找平方式控制摊铺高程，下面层或基层采用钢丝引导的高程控制方式，上面层采用平衡梁或雪橇式厚度控制方式，中面层根据情况选用其中一种。沥青混合料的松铺系数应根据试铺试压确定。

五、混合料压实与成型

混合料压实是获得高质量、高路用性能沥青路面的关键工序之一，必须重视混合料压实工作。压实成型的沥青混合料应满足规定压实度和平整度要求。

沥青混凝土的压实厚度不宜超过100 mm，沥青稳定碎石混合料最大压实厚度不宜超过120 mm。应配备数量足够的碾压设备，选择合理的压路机组合方式及初压、复压、终压的碾压步骤，以达到最佳压实效果。高速公路铺筑双车道路面的压路机数量不宜少于5台。施工温度低、风大、碾压层薄时，压路机数量应适当增加。

压路机应以慢而均匀的速度碾压，不应突然改变压路机行走路线和碾压方向，碾压区的长度应保持大体一致，两端的折返位置随摊铺机前进而不断向前推进，且横向不得在相同的断面上。

SMA混合料不宜采用轮胎压路机碾压，以防止沥青结合料搓揉挤压上浮。通常采用振动压路机按“紧跟、慢压、高频、低幅”的原则进行碾压。开级配抗滑磨耗层混合料采用12 t的钢筒压路机碾压，碾压过程中保持碾压轮清洁，有混合料黏轮时应立即清除。当采用向碾压轮喷水避免黏轮时，必须控制喷水量且成雾状，不得漫流，防止混合料降温过快造成温度离析。

六、接缝处理与开放交通

沥青路面的各种施工缝，由于压实不足易产生病害，施工时必须十分注意，保证其紧密、平顺。

纵缝应采用热接缝。施工时应将已铺混合料部分留下10～20 cm

宽暂不碾压,作为后摊铺部分的高程基准面,最后做跨缝碾压以消除缝迹。半幅施工不能采用热接缝时,应加设挡板或采用切刀切齐。摊铺另半幅前必须将缝边缘清扫干净,并浇洒少量黏层沥青。

相邻两幅及上下层的横向接缝应错位1 m以上。对高速公路和一级公路,中下层的横向接缝可采用斜接缝,在上面层采用垂直的平接缝。其他等级公路的各层均可采用斜接缝。铺筑接缝时,可在已压实部分上面铺设一些热混合料使之预热软化,以加强新旧混合料的黏接,但在开始碾压前应将预热用的混合料铲除。

热拌沥青混合料路面应待摊铺层完全自然冷却,混合料表面温度低于50 ℃后,方可开放交通。需提早开放交通时,可洒水冷却降低混合料温度。

第六节 热拌沥青混合料路面施工质量管理和检查

沥青路面施工应根据全面质量管理的要求,建立健全有效的质量保证体系,实行严格的目标管理、工序管理与岗位责任制度。对施工各阶段的质量进行检查、控制、评定,达到所规定的质量标准,确保施工质量的稳定性。施工质量管理包括施工前、施工过程中质量管理与质量控制,以及各施工工序间的检查及工程交工时的质量检查验收。高速公路、一级公路沥青路面应加强施工过程质量控制,实行动态质量管理。

一、施工前的材料与设备检查

原材料质量符合要求是保证沥青路面质量的重要前提,施工前必须检查各种材料的来源和质量。施工过程中材料来源或规格有变化时,必须对材料来源、质量、数量、供应计划、料场堆放及储存条件等进行检查。检查时应以同一料源、同一次购入并运至生产现场的相同规格品种的集料、沥青为一批进行检查,质量达不到要求的材料严禁使用。正式开工前,各种原材料的实验结果及据此进行的配合比设计和生产配合比设计应向建设单位和质量监理单位报告。

拌和厂及沥青路面施工机械和设备的配套情况、技术性能、计量精度等也应在施工前进行检查和调试。各种称量传感器应进行标定并得到监理的认可。

二、铺筑试验路

高速公路和一级公路在施工前应铺筑试验路段。试验段的长度应根据试验目的确定,宜为100～200 m。试验段最好在直线段上铺筑,如在其他道路上铺筑时,路面结构等条件应相同。路面各结构层的试验可安排在不同的试验段上。

热拌沥青混合料路面试验路段分试拌及试铺两个阶段进行,应包括下列试验内容:

(1)根据沥青路面各种施工机械相匹配的原则,确定合理的施工机械、机械数量及组合方式。

(2)通过试拌来确定拌和机的上料速度、拌和数量、拌和时间、拌和温度等操作工艺参数。

(3)通过试铺确定透层沥青的标号与用量、喷洒方式、温度;摊铺机的摊铺温度、摊铺速度、摊铺宽度、自动找平方式等操作工艺;压路机的压实顺序、碾压温度、碾压速度及遍数等压实工艺;确定松铺系数和接缝方法等。

(4)验证沥青混合料配合比设计结果,提出生产用的标准矿料配合比和最佳沥青用量。

(5)建立用钻孔法及核子密度仪法测定密度的对比关系。确定粗粒式沥青混凝土和沥青碎石面层的压实标准密度。

(6)检测试验段的渗水系数。

(7)确定施工产量及作业段长度,制定施工进度计划。

(8)全面检查材料及施工质量。

(9)确定施工组织及管理体系、人员、通信、联络及指挥方式。试验段铺筑应有相关单位参加,及时协商有关事项,明确试验结论。铺筑结束后,由施工单位就试验内容提出完整的试验路段施工、检测报告,取得业主和监理的批复,作为正式施工的依据。

三、施工阶段的质量管理与检查

施工单位在施工过程中应随时对施工质量进行自检。监理单位应按规定要求自主进行试验,并对施工单位的实验结果进行质量评定、计算合格率等。当检查结果达不到规定的要求时,应追加检测数量,查找原因并做相应处理。

第五章 UHPC梁桥施工与质量控制

第一节 材料性能分析及要求

一、超高性能混凝土概述

超高性能混凝土(Ultra-High Performance Concrete,简称UHPC)是近20年发展起来,具备超高抗压强度,一定的抗拉强度,优越的力学性能和耐久性能的一种新型超级混凝土,它具备显著的脆性,且高温下容易发生爆裂。在密实的基体内掺入钢纤维能大幅提高UHPC的强度、延性和抗爆裂性,形成了当今土木工程领域较为流行的超高性能纤维增强混凝土(Ultra-High Performance Fibre Reinforced Concrete,简称UHPFRC)。

Richard等于1993年研制的UHPFRC,掺入了具有较高活性的火山灰质材料,并剔除粗骨料,因而被称为活性粉末混凝土(Reactive Powder Concrete,简称RPC)。根据组分和制备条件的不同,RPC分为RPC200和RPC800两个强度等级。其中制备RPC200时常采用温度为20~90 ℃的蒸汽养护或90~200 ℃的高温干热养护,目前施工现场搅拌浇筑和标准养护的RPC抗压强度为100~200 MPa,其制备条件与普通混凝土接近;制备RPC800时常采用温度为250~400 ℃的蒸汽养护,在凝固期内施加10~50 MPa的压强。表5-1比较了RPC、HPC(High Performance Concrete,高性能混凝土)和OC(Ordinary Concrete,普通混凝土)的主要力学性能和耐久性。

表5-1 RPC、HPC与OC的主要力学性能与耐久性的比较

混凝土种类	抗压强度/MPa	抗折强度/MPa	弹性模量/GPa	断裂能/(kJ·m⁻²)	气离子扩散系数/(m²·s⁻¹)	碳化深度/mm	冻融剥落/(g·cm⁻³)	吸水特性/(kg·m⁻³)
RPC800	490～705	45～140	63～74	1.2～2.0	—	—	—	—
RPC200	170～230	30～60	50～62	15～40	0.02×10^{-12}	0	7	0.2
HPC	60～100	6～10	30～40	0.14	0.60×10^{-12}	2	900	0.4
OC	20～50	2～5	30～40	0.12	1.10×10^{-12}	10	＞1000	2.7

RPC的抗压强度普遍高于120 MPa，抗拉强度不低于7 MPa，RPC比HPC具有更高的抗压强度和抗拉强度以及更好的耐久性。钢纤维的掺入在基体内部产生桥联作用，能够显著提高RPC的抗折强度和吸收能量的能力，RPC200的抗折强度为30～60 MPa，大约是HPC的10倍，是OC的30倍；RPC200的断裂能平均为30 kJ/m²，远大于HPC和OC的0.14 kJ/m²和0.12 kJ/m²，具有比HPC和OC更好的抗震耗能能力。RPC作为新型绿色超高性能混凝土，具有优异的环保性能，在相同承载力条件下，RPC构件体积为OC的1/3；水泥用量约为OC的1/2，CO_2排放量较OC的降低50%；不可再生资源骨料的用量，RPC仅占HPC和OC的1/3和1/4。RPC材料的大规模工程应用，为土木工程领域的新旧动能转换提供新途径。

二、超高性能混凝土性能分析

(一)抗压强度

超高性能混凝土的抗压强度约为普通混凝土的3倍，其强度大小主要与其水胶比、胶凝材料用量、矿物掺合料掺量及钢纤维掺量有关。

水胶比含量的不同对超高性能混凝土的抗压强度有明显影响。朋改非等人测定了质量分数为0.21～0.24的水胶比含量和低于0.2时的超高性能混凝土抗压强度。水胶比在质量分数为0.21～0.24时，其各龄期抗压强度随水胶比的增大而减小。水胶比质量分数小于0.2时，掺入不同矿物掺合料及不同水胶比的抗压强度不同，但无论仅掺硅灰(SF)还是硅灰、粉煤灰(FA)、细磨矿渣(GGBS)混掺，水胶比在

0.18时抗压强度均达到最大。王军委等测定了质量分数为0.24 ~ 0.26的水胶比含量在不同矿物掺合料的掺量，不同胶凝材料含量下的超高性能混凝土抗压强度。养护3天、7天、28天、56天下，抗压强度随着养护时间的增加而增加，随水胶比的增大而减小。

胶凝材料掺量对制备超高性能混凝土起到关键作用，养护3天到7天，超高性能混凝土抗压强度随胶凝材料的增加而略有降低。而养护28天到56天，超高性能混凝土随胶凝材料的增加而增大并趋于稳定。水胶比一定时，增加胶凝材料掺量可增加混凝土的流动性。

李云峰等人、王斌等人、朋改非等人和王军委等人通过对硅灰、粉煤灰、矿粉矿物掺合料的不同含量和不同组合，测试了超高性能混凝土的抗压强度，得出矿物掺合料显著影响了超高性能混凝土的抗压强度，单掺、双掺及三种混掺对抗压强度的影响不同。单掺硅灰掺量为8%时，抗压强度达到最大。双掺硅灰与粉煤灰的早期强度低于基准UHPC强度，后期强度可超过基准UHPC强度，且当硅灰掺量为10%，粉煤灰掺量为20%时，超高性能混凝土的抗压强度最高。双掺硅灰与矿粉的后期强度可超过基准UHPC强度，且在矿粉掺量不变时，硅灰掺量增加使超高性能混凝土早期强度增加。硅灰、粉煤灰、矿粉三种混掺时，总掺量在30% ~ 50%时，硅灰含量在8% ~ 10%时，抗压强度较高。钢纤维的加入能改善混凝土的脆性，提高混凝土的韧性。当钢纤维含量从0.5%增加到2.5%时，超高性能混凝土的立方体抗压强度可提高7.64% ~ 25.69%。建议最优钢纤维掺量为1%。

（二）抗拉强度

由于混凝土材料的抗压强度很高，抗拉强度低的特点，使其在外荷载作用时表现出受压不受拉的现象，混凝土构件在实际工程中也常常搭配钢筋来抵抗拉力。杜任远等人利用轴拉试验、抗折试验和劈裂试验测定了超高性能混凝土在不同钢纤维掺量下的抗拉强度值。超高性能混凝土在不掺钢纤维时，其抗拉强度是普通混凝土的3倍。掺入钢纤维后，超高性能混凝土的抗拉强度显著提高，远远大于普通混凝土。较高的抗拉强度使得超高性能混凝土在应用中可以有效地阻止裂缝的发生与蔓延，确保混凝土构件的强度与稳定。而且超高性能混凝土拥有极强的拉伸韧性。其极限拉应变可达3%～4%，有较强的裂缝控制能力。

（三）轴压应力-应变曲线

混凝土的“轴压应力－应变曲线”可以反映混凝土的塑性、脆性与强度。王勇威等人、柯晓军等人测定了超高性能混凝土在轴向压力作用下的应力－应变曲线，发现超高性能混凝土轴心抗压强度与峰值应变随混凝土抗压强度的提高而增大，其峰值应变可达2500 $\mu\varepsilon$，轴压强度与抗压强度比为0.85，甚至更高。但是超高性能混凝土的极限应变却在降低，维持在3000 $\mu\varepsilon$左右。泊松比随混凝土强度等级的提高而增大，均值为0.211，与普通混凝土泊松比相差不大。超高性能混凝土的弹性模量与单纯高强度混凝土弹性模量相近，但是无法得出超高性能混凝土的变化原理。

（四）耐久性

耐久性是衡量混凝土性能的一项重要指标。超高性能混凝土有低水胶比和高矿物掺合量、毛细孔较少、密实性较高的特点。

Narald S. Müller与刘娟红等人通过混凝土耐久性试验，发现超高性能混凝土表现出明显致密的微观结构，总孔隙率相较水泥石、高性能混凝土低很多，其较低的毛细孔隙率使得有害介质很难侵入其中。超高性能混凝土孔隙率小、密实性高，有较好的抗碳化性、抗渗性与抗冻性，可以有效抑制碱骨料反应。超高性能混凝土在腐蚀环境下质量损失很低，抗氯离子腐蚀较强，其氯离子扩散系数只有10^{-9} cm^2/s数量级。

三、超高性能混凝土的发展要求

超高性能混凝土研究应该响应新时代经济、绿色、节能的理念，结合现阶段发展历程，它还有以下发展要求：

（1）制备超高性能混凝土需要的钢纤维和矿物掺合料用量较大，成本较高。未来应该充分利用工业废渣和其他高韧性纤维作为替代品，既满足强度与耐久性要求，又有一定的经济性。

（2）超高性能混凝土制备工艺较为精细、复杂且需要高温高压蒸汽养护，能源消耗较高，难以推广应用。应研究利用简单工艺，制备出满足要求的商用超高性能混凝土。

（3）超高性能混凝土的力学性能、强度发展规律及其影响因素研究还未定论，仍需要继续研究，得出一套理论体系。而且需要制定出超高性能混凝土制备、设计与施工规范，满足其材料性能与应用要求。

第二节 混凝土拌和物配合比参数选择及确定方法

一、混凝土拌和物配合比的方案设计

（一）配合比方案设计的作用

配制混凝土用的原材料确定以后，就要考虑怎样配制混凝土？应设计怎样的技术线路？要做几个试验方案？要达到的混凝土的主要指标是什么？需要兼顾或协调的其他指标有哪些？施工过程中的影响因素有哪些？竣工验收的要求是什么？

要配制满足设计提出的强度等级、耐久性指标要求并符合施工工作性要求的混凝土，可以采取各种不同的技术措施来实现，那么得到的配合比不是唯一的。不同的方案会有不同的配合比结果，从理论上讲结果可以是无穷多个。混凝土是一种复合材料，随着原材料成分多元化的发展趋势，其复合的技术路线也呈现多样化。混凝土配合比不是绝对的、唯一的，而是存在相对最优配合比。从这个意义上讲，混凝土配合比设计不仅仅是简单地确定委托方所送材料的比例关系，而是在保证设计和施工所要求性能的前提下选择不同的技术线路，制定不同的配合比试验方案进行试验，再根据试验结果进行配合比的优化。优化时可以选择不同的考核指标和优化方法，但优化后的配合比应该是混凝土强度、耐久性，以及施工工作性能等基本性能较好，同时兼顾

其他性能如温度控制、变形性能,并且成本合理或相对较低的混凝土配合比。

方案设计对于配合比设计的意义就如同建筑结构抗震设计中的“概念设计”一样重要。同样,配合比的方案设计是着眼整个工程结构混凝土,放眼工程项目实施阶段的全过程(施工过程、竣工验收、使用阶段)中混凝土的制备、施工、养护、检验、使用等各个环节可能出现或将面临的问题(不利面和有利面)。从大的方面来综合考虑应该采用哪几种技术线路,哪几种材料成分,哪几种质量品质与价格适宜的材料来进行混凝土配合比的设计,使得最终的配合比能够既保证混凝土主要的性能指标,又能够最大限度地兼顾混凝土的其他性能指标,使之得到较好的平衡。

(二)配合比方案设计内容

1.胶凝材料的组成

对于普通混凝土,水泥是唯一的胶凝材料。确定了水泥厂家以后,应选择水泥的品种及强度等级。一般可以根据混凝土的强度等级来选择水泥的强度等级,详见表5-2,应注意这样做并不是绝对的。

表5-2　水泥强度等级的选用

混凝土强度等级	≤C20	C25～C30	C35～C40	≥C45
水泥强度等级	32.5	32.5,42.5	42.5,52.5	52.5,62.5

从表中可以看出,配制某一强度等级的混凝土所用水泥的强度等级不唯一。用两个或两个以上强度等级的水泥来配制一个等级的混凝土,这样胶凝材料就有两个或两个以上的方案。

例如C30混凝土的配制和施工过程中就有可能发生这样几种情况:①水泥可以用42.5级,也可以用32.5级;②有时建设单位认为C30混凝土只能使用42.5级水泥,要求施工单位把32.5级水泥改为42.5级;③同一个厂家一直在供应32.5级的水泥,但在施工过程中可能停止了32.5级水泥的供应,而只能供应42.5级水泥;④一直使用的P·O水泥在供应过程中变成了P·S水泥等。

一个工程项目的混凝土强度等级有很多个。从基础到上部主体结构一般为：C15、C20、C25、C30、C35、C40、C45，有的项目可能只有其中的几个等级。选择水泥时，除了一个等级的混凝土要考虑用两个或两个以上强度等级的水泥来配制之外，还应考虑顾及其他的混凝土强度等级，这样选择的水泥最少会有两个强度等级。如果用C表示水泥，于是，配合比方案就有：100%C1+100%C2+…

2.砂的组成

砂的选择也有很多种，只要当地有天然砂资源，习惯上仍然会把天然砂当成首选，但天然砂作为一种自然资源已经越来越少或接近枯竭，并且品质逐渐劣化，细度模数减小，砂的粒径变细。在县、乡一级的地方，一般就地取材，生产工艺简单、成本低，使用天然砂的传统很难改变；有的地方使用田砂，把田里的耕作土层清除后就开挖田砂，不经水洗处理就运往工地直接使用；有的地方没有天然砂资源，全部使用人工砂；有的地方从邻近的市、县运输天然砂使用，砂的综合成本较高，于是在本地生产部分人工砂，与天然砂混合使用，以降低砂的成本。

砂在混凝土中的用量较大，仅次于碎石等粗集料，而且价格高于碎石，仅次于胶凝材料，对混凝土的成本有不小的影响。砂的品质对混凝土用水量、和易性、耐久性等有显著的影响。这几个方面的因素促使我们在混凝土配制中要特别重视砂的作用。多年的实践证明，混凝土配合比的优劣主要取决于砂的品质。

如果用S1表示河砂，S2表示人工砂。则配合比方案中的用砂方案可能有：①100%S1；②100%S2；③（80%～20%）S1+（20%～80%）S2等。

3.石子的组成

石子根据颗粒级配分为连续粒级和单粒级两种，每种级配情况又分不同的粒级。碎石的订货一般是以最大粒径为供货条件进行的，供应到工地的石子往往只会是一个粒级。石子属于散粒材料，质量很容易因生产工艺的缺陷及运输、卸料、搬运等供应环节以及混凝土生产过程而发生波动，所以供应到现场的单一粒级的石子，其级配会再次发生变化，很难保证连续级配的稳定或质量均匀。

最理想的情况是用2～3个不同粒级的石子按适当的比例配合使用，即多级配。但往往因现场场地、料仓条件受限而无法实现。《JGJ52—2006普通混凝土用砂、石质量及检验方法标准》规定："混凝土用石应采用连续粒级，单粒级宜用于组合成满足要求的连续粒级，也可以与连续粒级混合使用，以改善其级配或配成较大粒度的连续粒级。"水工混凝土相关规范把混凝土用石按粒径依次分为5～20 mm（D_{20}）、20～40 mm（D_{40}）、40～80 mm（D_{80}）、80～150 mm（120 mm）（D_{150}、D_{120}）四个粒级，分别称为小石、中石、大石、特大石。石子的最佳级配通过试验确定，并可参考表5-3。

表5-3　石子组合比例初选

混凝土种类	级配	石子最大粒径/mm	卵石（小∶中∶大∶特大）	碎石（小∶中∶大∶特大）
常态混凝土	二	40	40∶60∶0∶0	40∶60∶0∶0
	三	80	30∶30∶40∶0	30∶30∶40∶0
	四	150	20∶20∶30∶30	25∶25∶20∶30

注：表中比例为质量比

工作中经常遇到水利部门、交通部门委托的配合比试验，送来的石子多为二级配、三级配，只有建筑工程至今仍然采用一级配。

如果用G1表示10～20 mm石子，G2表示16～31.5 mm石子，则配合比方案中石子的方案可能有：①100%G；②（30%～40%）G1+（70%～60%）G2等。

经过上述三个步骤的分析，混凝土配合比设计的方案可能有以下几个：①100%C1+100%S1+100%G；②100%C1+100%S2+100%G；③100%C+（80%～20%）S1+（20%～80%）S2+100%G；④100%C2+100%S1+100%G；⑤100%C+100%S2+100%G；⑥100%C2+（80%～20%）S1+（20%～80%）S2+100%G等。

二、混凝土拌和物配合比方案设计及相关参数选择

一般，由于砂和石各仅有一种，水泥有P·O32.5、P·O42.5两种，所以方案有以下两个。

方案一：100%P·O32.5+100%S1+G。

方案二：100%P·O42.5+100%S1+G。

混凝土的强度等级有C20、C25、C30三个，基本属于中低强度等级，相互之间差距不大，又比较关联。如果对施工单位的混凝土生产能力和管理水平不甚了解，又缺乏统计资料，可以把施工单位的混凝土强度标准差σ均取为5.0 MPa，计算出C10～C30的配制强度范围为18.2～38.2 MPa。

一般来说，C20、C25两个强度等级用P·O32.5水泥即可，C30用P·O32.5和P·O42.5均可。配合比试验时，水泥的28天抗压强度实际值的检验结果尚未出来，可以先用水泥的商品强度等级值，按照相关公式计算出C10～C30水灰比范围，采用P·O32.5水泥时的水灰比为0.45、0.50、0.55、0.60、0.65，采用P·O42.5水泥时的水灰比为0.48、0.53、0.58、0.63，即：①100%P·O32.5+100%S1+G，水灰比范围0.45、0.50、0.55、0.60、0.65；②100%P·O42.5+100%S1+G，水灰比范围0.48、0.53、0.58、0.63。

用水量的选择，根据试验用杨武河砂细度模数为3.0，属于中砂，碎石最大粒径31.5 mm，查相关表格可得坍落度为30～50 mm时的混凝土用水量为185 kg/m²。由于各地的水泥、粗细集料都存在技术指标上的差异，而混凝土要求坍落度的大小、水泥品种、集料的技术性质都会影响混凝土用水量，因此具体试验时，185 kg/m²的用水量往往达不到30～50 mm的坍落度，这就需要试验中进行用水量调整，找到与既有原材料相适应且满足和易性要求的混凝土用水量(这一步很关键，本例中的用水量经过试验取为190 kg/m²，试验结果表明合适)。砂率的选择可以根据采用原材料的情况，按相关表格并结合以往经验选取。本例中砂率选择详见表5-4。

表5-4 砂率选择表

方案	100% P·O32.5+100% S1+G					100%P·O42.5+100%S1+G			
水灰比	0.45	0.50	0.55	0.60	0.65	0.48	0.53	0.58	0 63
砂率	34%	35%	36%	37%	38%	34%	35%	36%	37%

砂率选择好以后，就可以计算砂、石用量。本例采用重量法，假定混凝土的每立方米体积的混凝土质量为：水＋水泥＋砂＋石＝2450 kg/m³，根据以上条件可以分别算出与各个水灰比对应的配合比的砂、石用量，见表5-5。

表5-5 混凝土配合比各项材料用量

方案	100% P·O32.5+100% S1+G					100%P·O42.5+100%S1+G			
水灰比/kg.m^{-2}	0.45	0.50	0.55	0.60	0.65	0.48	0.53	0.58	0 63
水/kg.m^{-2}	190	190	190	190	190	190	190	190	190
水泥/kg.m^{-2}	422	380	345	317	293	396	358	327	302
河砂/kg.m^{-2}	625	658	689	719	748	634	666	696	724
碎石/kg.m^{-2}	1213	1222	1226	1224	1220	1230	1236	1237	1234
编号	E-5	E-4	E-3	E-2	E-1	E-9	E-8	E-7	6E-5

三、混凝土拌和物配合比确定的方法

通过混凝土试配试验及相关的强度或耐久性能检验，可以发现理论计算配合比与实际试拌情况和试验结果存在着差异。当试验结果全部出来后，应对其进行统计、分析，然后按下列步骤确定配合比。

（1）以试配试验的混凝土强度检验结果确定混凝土的水灰比。根据制作的立方体抗压强度试件28天龄期标准养护强度试验结果，与设计混凝土强度等级对应的配制强度相对比，用内插法从中找出与配制强度相对应的水灰比。

（2）以试拌时确定的用水量作为混凝土的用水量，根据确定的水灰比所对应的配合比检查当时试拌时该盘混凝土拌和物的用水量、坍落度、和易性是否满足要求。同时检查与此水灰比相邻两侧的稍小水灰比和稍大水灰比分别对应的配合比，其各自混凝土拌和物的用水量、坍落度、和易性情况，以及7天、28天强度检验的情况，是否接近、达到或超过预定的要求。

（3）以上述两步确定的水灰比和用水量计算水泥用量。

（4）以实测的混凝土表观密度和经过试拌调整确定的砂率为依据，分别计算出砂、石的用量。

第三节 UHPC梁桥施工及质量控制

本节将以笔者所在单位承接的火炬东服务区主线三号桥项目为例进行详细阐述。

一、设计依据、设计规范及技术标准

（一）设计依据

设计工作的主要依据如下。

（1）中山至开平高速公路建设项目投资人招标的《中标通知书》[江建招中字(2014)第69号]。

（2）中山至开平高速公路建设项目投资协议。

（3）《中山至开平高速公路（含小榄支线）工程可行性研究报告（修编）》（2015.11）及相关专题报告。

（4）《中山至开平高速公路（含小榄支线）初步设计（修编）》（2016.08）。

（5）《广东省交通运输厅关于中开高速公路项目穿越水源保护区可行性研究报告的意见》[粤交规(2015)798号]。

（6）《广东省交通运输厅关于中山东部外环高速公路和中山至开平高速公路中山段现场调研会议纪要》[省交通运输厅工作会议纪要(2019)15号]（2019.02）。

（7）《广东省交通运输厅关于加快推进中山东部外环等项目前期工作会议纪要》[省交通运输厅工作会议纪要(2019)19号]（2019.02）。

（8）《广东省交通运输厅关于加快中山至开平高速公路中山段建设协调会议纪要》[省交通运输厅工作会议纪要(2019)50号]（2019.04）。

（9）《广东省交通运输厅关于印发中山至开平高速公路中山段一期工程调整初步设计评审意见的通知》[粤交基建函(2019)38号]（2019.07）。

(10)《广东省交通运输厅关于印发中山至开平高速公路调整建设规模报告评审意见的通知》[粤交规划函(2019)409号](2019.08)。

(11)交通运输部现行的路线、路基、路面、地质、水文、桥涵、交叉工程、交通工程及沿线设施、环境保护、概预算等相关专业的勘测、设计、施工技术规范,以及地方性标准、规范,相应评估报告、专题研究和科研项目等。

(12)本项目总体编制的《中山至开平高速公路(含小榄支线)施工图设计工作大纲及作业指导书》。

(13)地方政府有关部门的批文,以及与沿线有关部门的协议、会议纪要等内容。

(14)项目公司所提供相关现场已完成工程附表等。

(二)技术标准

(1)设计速度:中山段100 km/h。

(2)汽车荷载等级:公路-Ⅰ级。

(3)设计洪水频率:特大桥1/300,其余桥涵、路基1/100。

(4)路基桥梁宽度。

改造前标准宽度。

整体式路基:路基宽度33.5 m,对应的桥梁全宽为33 m,分上下行两幅并列独立桥梁,左右幅桥梁横向间距0.5 m。桥梁宽度为2×16.25 m,内外侧均设置50 cm宽的墙式防撞护栏,桥面净宽为2×15.25 m。

分离式路基:路基宽度为17 m,桥梁宽度为16.5 m,内外侧设置50 cm宽的墙式防撞护栏,桥面净宽为15.5 m。

改造后标准宽度。

本项目与中山东环交叉点(横门西枢纽互通)以东路段如下:

整体式路基:路基宽度41.0 m,对应的桥梁全宽为40.5 m,分上下行两幅并列独立桥梁,左右幅桥梁横向间距0.5 m。桥梁宽度为2×20.0 m,内外侧均设置0.5 m宽的墙式防撞护栏,桥面净宽为2×19.0 m。

本项目与中山东环交叉点以西路段如下:

整体式路基：路基宽度35.5 m，对应的桥梁全宽为35.0 m，分上下行两幅并列独立桥梁，左右幅桥梁横向间距0.5 m。桥梁宽度为2×17.25 m，内外侧均设置0.5 m宽的墙式防撞护栏，桥面净宽为2×16.25 m。

分离式路基：路基宽度18.0 m，桥梁宽度为17.5 m，内外侧设置0.5 m宽的墙式防撞护栏，桥面净宽为16.5 m。

（5）地震动峰值加速度系数：0.10 g。

（6）环境条件：Ⅱ类环境。

二、工程概况

（一）桥梁概况

中开高速火炬东服务区三号桥位于整体式路基向分离式路基变化段，桥梁全长851.8 m，桥梁起点桩号K8+102.4 m，左幅桥梁终点桩号LK8+947.768，右幅桥梁终点桩号RK8+947.752。

本桥左幅平面位于R=1150 m的左偏圆曲线、A=491.266 m的左偏缓和曲线、A=480.625 m的右偏缓和曲线和R=1100 m的右偏圆曲线上；右幅平面位于R=1150 m的左偏圆曲线、A=491.266 m的左偏缓和曲线、A=480.625 m的右偏缓和曲线和R=1100 m的右偏圆曲线上。

本桥纵断面位于R=250000 m、T=187.5 m、E=0.07 m、i_1=−1.05%、i_2=−0.9%的凸竖曲线以及i=−0.9%的单向坡上，变坡点桩号K8+105.738，变坡点高程28.142 m。

全桥共11联：35+2×35+3×30+3×30+3×30+3×30+3×30+3×30+（30+50+30）+2×30+30 m，正交布置。原桥上部结构除第9联采用现浇预应力混凝土连续箱梁外，其余各联均采用装配式预应力混凝土（后张）简支箱梁，桥面连续；下部结构起点桥台采用桩柱式，终点桥台采用肋板式，桥墩采用柱式墩，墩台采用桩基础。

根据总体方案，桥梁外侧均需拼宽1 m。

（二）初步设计审查意见及执行情况

2019年6月27日至28日，广东省交通运输厅在中山市组织召开了中山至开平高速公路中山段一期工程调整初步设计评审会议。

当时桥梁下部结构已经施工完成，上部组合箱梁1~7跨暂未预制，8~21跨预制梁已经架设完成，其中9~19跨湿接缝已经浇筑完成，25~27正在预制中，上部现浇箱梁即第9联左右幅主梁已施工完成，桥梁防撞护栏及现浇层暂未施工。

针对火炬路三号桥状况提出意见如下。

(1)第9联现浇箱梁建议增加单侧加宽1 m(可考虑设置加劲肋或改造为钢悬臂翼板等)方案作比选，综合考虑结构受力、工程造价、实施难度等因素，合理确定改造方案。

答复：根据专家意见，增加了单侧加宽方案，综合比选推荐单侧加宽1 m，箱梁顶面增设10 cm现浇层提高翼缘承载力，端横梁增加支座提高箱梁抗倾覆能力。

(2)引桥边梁更换30~35 m跨的钢箱组合梁，钢混结合段构造复杂，且其刚度与相邻中梁刚度差异较大，易导致后期开裂，建议对更换对外边梁做多方案比选(如UHPC梁、特殊设计PC小箱梁等)。

答复：根据专家意见，增加了UHPC梁方案，综合比选表明，UHPC梁自重轻，满足拼宽桥梁外侧1 m的受力要求，造价比钢箱组合梁低，耐久性好，推荐采用。

(三)改造方案

根据总体方案，桥梁外侧均需拼宽1 m。方案简要如下。

1.第9联现浇箱梁

为了减少对既有施工桥梁的影响，箱梁外侧翼缘接长1 m。桥面加铺10 cm现浇层，增大截面提高翼缘抗弯承载力，这10 cm现浇层厚度在引桥相邻3跨进行渐变。为了减轻自重，外侧护栏改为钢护栏；为了避免偏载的不利影响，箱梁端部增设2个支座。原桥24#墩顶D120伸缩缝改为D80伸缩缝。

2.其余联小箱梁

其余联均为小箱梁，将外边梁替换为UHPC箱梁，再实施湿接缝及端横梁。对于已实施湿接缝的小箱梁，凿除外边梁的湿接缝混凝土，再架设UHPC箱梁并进行横向连接。

由于第9联箱梁增设了10 cm现浇层，通过相邻3跨小箱梁进行纵断面顺接，涉及桥跨为19～21、25～27，故调整相应桥跨的桥墩垫石高度，以完成高程的顺接。

三、第9联现浇箱梁改造设计

（一）主要材料

1.混凝土

混凝土要求如表5-6与表5-7所示。

表5-6 桥梁上部构造材料

项目	预应力混凝土连续箱梁	小箱梁调平层混凝土
混凝土强度等级	C50聚丙烯纤维自密实混凝土	C50

表5-7 附属构造

项目	混凝土防撞栏及护栏底座	桥头搭板
混凝土强度等级	C30	C30

C50聚丙烯纤维自密实混凝土材料及配合比的选用，均应满足《自密实混凝土应用技术规程》（JGJ/T 283—2012）及《自密实混凝土设计与施工指南》（CCES 02—2004），粗骨料最大粒径不大于16 mm。为减少混凝土收缩，按《补偿收缩混凝土应用技术规程》（JGJ/T 178—2009）添加适量膨胀剂，养护时间必须达到28天。聚丙烯材料应该满足规范《公路水泥混凝土纤维材料聚丙烯纤维和聚丙烯腈纤维》（JT/T 525—2004）相关要求。聚丙烯腈掺量建议在0.9 kg/m³左右。聚丙烯腈具体要求如表5-8所示。

表5-8 聚丙烯腈具体要求

性能	性能指标	技术要求	参考规范
填充性	坍落扩展度/mm	≥760	《自密实混凝土应用技术规程》（JGJ/T 283—2012）
	扩展时间T_{500}/s	＜2	
间隙通过性	坍落扩展度与J环扩展度差值/mm	≤25	

续表

性能	性能指标	技术要求	参考规范
抗离析性	离析率/%	≤15	—
	粗骨料振动离析率/%	≤10	
抗干缩	限制膨胀率/%	水中14天≥0.015	《补偿收缩混凝土应用技术规程》(JGJ/T 178—2009)
		水中14天转空气中28天≥-0.030	

2. 普通钢筋、钢材及预应力材料

(1)设计用普通钢筋为HPB300和HRB400钢筋，抗拉强度设计值分别为250 MPa、330 MPa，其中钢筋直径不小于10 mm的采用HRB400钢筋，直径小于10 mm的一般采用HPB300钢筋，部分ϕ10钢筋采用HPB300钢筋。技术标准应符合国标《钢筋混凝土用钢 第1部分：热轧光圆钢筋》(GB/T 1499.1—2017)和《钢筋混凝土用钢 第2部分：热轧带肋钢筋》(GB/T 1499.2—2018)的规定。

(2)防撞护栏立柱、底座板采用Q345C钢，防撞护栏横梁采用Q390C钢，其技术标准应符合《低合金高强度结构钢》(GB/T 1591—2018)的规定。普通热轧不等边角钢技术标准应符合《热轧型钢》(GB/T 706—2016)的要求。

(3)高强螺栓应符合《钢结构用高强度大六角头螺栓》(GB/T 1228—2006)的规定；螺母应符合《钢结构用高强度大六角螺母》(GB/T 1229—2006)的规定；垫圈应符合《钢结构用高强度垫圈》(GB/T 1230—2006)的规定，并符合《钢结构用高强度大六角头螺栓、大六角螺母、垫圈技术条件》(GB/T 1231—2006)的要求。

(4)泄水管采用无缝钢管，应符合《热轧无缝钢管(YB231-70)》的要求；泄水管铸件采用结构用碳素铸钢ZG200-400H，其技术标准应符合JB/ZQ4297—1986的要求。

3. 植筋胶

植筋用的黏结剂要求具有足够的黏结强度和耐久性，符合《公路桥梁加固设计规范》(JTG/T J22—2008)、《混凝土结构加固设计规范》

（GB 50367—2013）等相关规范的要求。黏结剂的性能指标应符合表5-9要求。

表5-9 黏结剂的性能指标

性能项目			性能指标
胶体性能	竖向裂缝抗拉强度/MPa		≥8.5
	抗压强度/MPa		≥60
	抗弯强度/MPa		≥50
	钢—钢（钢套筒法）拉伸抗剪强度标准值/MPa		≥16
黏结能力	约束拉拔条件下带肋钢筋与混凝土的黏结强度/MPa	C30ϕ25L=150 mm	≥11
		C60ϕ25L=125 mm	≥17
不挥发物含量（固体含量）/%			≥99

4.附属设施材料

（1）支座。箱梁端横新加支座采用盆式橡胶支座，其材料和力学性能均应符合《公路桥梁盆式支座》（JT/T 391—2009）的规定，支座安装应按厂家要求进行。

（2）伸缩装置。采用型钢伸缩缝，其有关技术特性必须满足《公路桥梁伸缩装置通用技术条件》（JT/T 327—2016）。

（3）搭板。长6 m，厚35 cm。

（4）护栏。桥梁内侧均采用墙式防撞护栏，外侧采用钢护栏。

（二）设计要点

1.第9联概况

本联为30+50+30 m变截面预应力砼连续箱梁，采用单箱双室断面，边腹板采用斜度为4∶3的斜腹板，箱梁顶宽16.5 m，底宽6.5～8 m，顶板悬臂长度3.2 m，中支点处箱梁中心高度3.0 m，跨中箱梁中心梁高2.0 m，梁高以二次抛物线变化。腹板厚度为50～85 cm，跨中截面顶板厚度25 cm、底板厚度25 cm。改造前箱梁已经施工完成，桥面铺装10 cm沥青混凝土及外侧防撞护栏均暂未实施施工。

改造后，桥梁外侧拼宽1 m，为了减少对既有施工桥梁的影响，采用外侧翼缘接长1 m，桥面加铺10 cm现浇层增大截面提高翼缘抗弯承载力；其10 cm现浇层厚度在引桥2跨进行渐变。为了减轻自重，外侧护栏改为钢护栏。为了避免偏载的不利影响，箱梁端部增设2个支座。

2.桥梁方案

1）主梁拼宽方案

凿除箱梁悬臂上缘表层1 cm混凝土保护层，增设10 cm砼现浇层，并增设直径10 cm的钢筋以提高翼缘承载力；将原翼缘横向钢筋与加宽段横向增设钢筋相焊接，焊缝长度满足规范要求。改造前箱梁表面及翼缘应凿毛处理，加宽段与现浇层混凝土应一起浇筑，对于中横梁处外挑横梁超过桥面板翼缘的，需要在横梁处植筋处理，外侧加宽段注意预埋防撞护栏钢筋。

2）端横梁增设支座

为了避免偏载的不利影响，箱梁端部增设2个GPZ（2009）支座。

3）附属设施——护栏

为了减轻自重，外侧护栏改为钢护栏。防撞护栏立柱设在混凝土底座上，立柱与护栏底座采用地脚螺栓连接。为保证地脚螺栓有足够的锚固力，在混凝土底座内设有地脚螺栓锚板。为了避免混凝土的收缩、徐变和温度裂缝，在混凝土底座每隔7 m设置一道断缝。

防撞护栏涂装方案如表5-10所示。

表5-10 防撞护栏涂装方案

结构部位	涂装体系	道数	涂装量
立柱、横梁外表面	热浸锌	—	600 g/m^2
	环氧中间漆	1	60 μm
	氟碳面漆	2	2×40 μm
横梁内表面	热浸锌	—	600 g/m^2
螺栓、螺母及垫圈立柱底座预埋件检修道护栏链条	热浸锌	—	600 g/m^2

钢材表明预处理和车间底漆涂装由加工单位完成，钢板进场预处理Sa2.5级，涂装醇溶性无机硅酸锌车间底漆一道25 μm。施工期间或使用期间须对涂层破损处按原涂装要求及时修补，确保结构的耐久性。

(三)施工要点及注意事项

1.施工流程

先安装端横梁支座,再进行桥面改造施工。

2.混凝土施工

(1)加宽段桥面与现浇层一起浇筑。为了保证桥面现浇混凝土和梁体之间结合紧密,施工时结合面上的主梁混凝土必须进行凿毛处理,粗骨料要求露出50%,做成凹凸不小于6 mm的粗糙面。混凝土浇筑前应清除浮浆,将结合面冲洗干净并充分湿润,以保证新老混凝土的结合。

箱梁表面植筋前,应先确定好箱梁纵横向预应力筋具体位置,并在箱梁顶面划线,确定植筋位置避开预应力管道,在现场做好植筋点位标记,监理确认无误后方可施工植筋。

(2)翼板加宽段混凝土浇筑必须严格捣实,禁止出现蜂窝麻面,梁体混凝土浇筑应连续浇筑、一次成形,施工中应加强观察,防止漏浆、欠振和漏振现象发生。

(3)为防止混凝土在早期出现收缩裂缝和边棱破损等,要加强对混凝土的养生和保护,并要求混凝土强度达到20 MPa后方可拆除模板。施工完应及时用塑料薄膜进行潮湿养护,潮湿养护时间不小于7天。

(4)注意上部构造预埋件(包括桥面泄水管等)的埋设,预埋钢筋(包括防撞护栏、通讯管线托架、伸缩缝预埋钢筋等)的埋设。

3.植筋

1)施工工艺

植筋的施工顺序为:定位→钻孔→清孔→钢材除锈→锚固胶配制→植筋→固化、保护→检验。

(1)定位。按设计要求标示钻孔位置、型号。

(2)钻孔。混凝土钻孔前,先依据竣工图钢筋和预应力的理论位置在盖梁表面进行标记,再用钢筋探测仪查明主筋与体内预应力钢束分布位置及保护层厚度,若探测位置与理论标记有偏差则增加标记实际位置，以免钻孔时损伤主筋。若放样钻孔的位置与主筋冲突，可适当移动位置。

钻孔宜用电锤或风钻成孔，如遇钢筋宜调整孔位避开。钻孔孔径 d+48 mm（d 为钢筋、螺栓直径，小直径钢筋取低值，大直径钢筋取高值）。钻孔孔深以图纸具体说明为准，不应设置在构件的保护层或装饰层内。

（3）清孔。钻孔完毕，检查孔深、孔径合格后将孔内粉尘用压缩空气吹出，然后用毛刷、棉布将孔壁刷净，再次压缩空气吹孔，应反复进行 3～5 次，直至孔内无灰尘、碎屑，最后用棉布蘸丙酮拭净孔壁，将孔口临时封闭。钻孔孔内应保持干燥。若有废孔，清净后用植筋胶填实。

（4）植筋。植筋胶按比例配置，搅拌均匀，用注胶枪注入孔内。锚固胶填充量一般为孔深的 2/3，并应保证插入钢筋后周边有少许胶料溢出。

注入锚固胶后应立即单向旋转插入钢筋，直至达到设计的深度，并保证植入钢筋与孔壁间的间隙基本均匀，同时须校正钢筋的位置和垂直度。也可采用手锤击打方式入孔，手锤击打时，一手应扶住钢筋或螺栓，以保证对中并避免回弹。

（5）固化、保护。植筋胶有一个固化过程，一般日平均气温 25 ℃以上 12 h 内不得扰动钢筋，日平均气温 25 ℃以下 24 h 内不得扰动钢筋，若有较大扰动宜重新植筋。

植筋胶在常温、低温下均可良好固化，若固化温度为 25 ℃左右，2 天即可承受设计荷载；若固化温度为 5 ℃左右，4 天即可承受荷载，且锚固力随时间延长继续增长。

2）检查与验收

植筋 3～4 天后可随机抽检，检验可用千斤顶、锚具、反力架组成的系统作拉拔试验，植筋的抗拔力要求应满足《公路桥梁加固设计规范》（JTG/T J22—2008）中的相关规定。

4. 防撞护栏

（1）防撞护栏底座板在预埋前应完成防锈涂装，预埋地脚螺栓应清理好螺纹,在预埋时用黑胶布包裹螺纹以防混凝土污染螺纹。

(2)防撞护栏立柱焊接成型后焊脚应打磨光滑,保证立柱美观。

(3)横梁钢管要求表面光滑无划伤痕迹,加工螺栓尺寸位置应准确。

(4)防撞护栏所有螺栓都应热浸锌并清理螺纹。

(5)防撞护栏制造、安装的精度要求为:立柱平面允许误差(每10根立柱通过检查)±2 mm,横梁平面允许误差(30 mm通线检查)±2 mm,立柱高度允许误差±1 mm。

防撞护栏底座施工技术如下。

(1)防撞护栏装底座的模板应采用专门加工制成的整体式钢模板(严禁使用组合钢模板)浇筑,保证尺寸准确,无蜂窝、麻面,且表面光滑、颜色保持一致。

(2)护栏立柱底座板及其地脚螺栓在预埋之前应按要求点焊在一起并形成具有一定刚度的框架,预埋时应使其与构造钢筋牢固焊接在一起(必要时应加焊支承构件)。相邻底座板中心间距误差不得超过±2 mm,底座板顶面应与混凝土表面齐平,底座板不允许有转动误差。浇筑时应保证预埋底座板及地脚螺栓处的混凝土密实,确保混凝土浇筑振捣时不要撞击预埋件,以免发生变形。护栏立柱底座及其地脚螺栓的预埋精度必须得到保证,否则护栏安装质量将无法满足要求。

(3)泄水管其他构件在桥面铺装前安装,施工时先在预留孔周围用水泥砂浆找平,然后安装泄水管,使其顶面标高与桥面标高相等并固定。桥面沥青混凝土铺装应与泄水管密封不漏水。

第六章 斜拉桥施工与质量控制

斜拉桥是一种桥面体系受压,支承体系受拉的桥梁。其桥面体系用加劲梁构成,其支承体系由钢索组成。斜拉桥是经济型大跨径桥梁的首选,其分类可以按结构形式分为桁架斜拉桥、板拉斜拉桥、吊拉组合斜拉桥以及塔梁固结或不固结等多种斜拉桥。结构形式变化所致的影响及差异主要由设计考虑并作出相应要求,施工主要着重于材料的差异。

斜拉桥施工与设计有互补和互反馈关系,施工前应全面了解设计的要求和意图,编制施工组织设计方案,使成桥线形和内力符合设计要求。

斜拉桥施工组织设计方案的主要内容应包括以下几个方面:

(1)基础、墩塔和主梁的施工工艺。

(2)塔、梁施工控制及施工测量办法。

(3)拉索制作、安装、张拉及锚固工艺。

梁的施工方法可视设计方案要求、桥位条件、施工经验、设备状况及技术经济比较选定。

平衡悬臂法包括悬浇和悬拼两种方法。梁的施工方法有成梁转体法、顶推成梁后张法、支架法、吊悬组合法和劲性骨架法等。

第一节 索塔

斜拉桥索塔绝大部分采用混凝土或预应力混凝土空心(下节)与实心(上节挂索部分)结构相结合的形式,国内目前较少采用钢结构。混凝土裸塔施工一般用爬架法,也可用劲性骨架挂模提升法。斜塔施工应根据各施工阶段的受力和变形情况设置横向联结,以保证其线形、截面应力、倾斜度符合设计要求且能保证施工安全。横梁施工应采取相应措施调节支架变形的影响。索塔的索道孔、锚箱位置以及锚箱锚固面与水平面的交角应控制准确。高塔施工的安全措施应专门编制。

索塔的施工可视其结构、体形、材料、施工设备和设计要求综合考虑,选用适合的方法。

(1)裸塔施工宜用爬模法,横梁较多的高塔宜采用劲性骨架挂模提升法。

(2)索塔施工,除设置相应的塔吊外,还应设置工作电梯及安全通道。

(3)斜拉桥施工时应避免塔梁交叉施工干扰。必须交叉施工时应根据设计和施工方法采取保证塔梁质量和施工安全的措施。

(4)索塔横梁施工时应根据其结构、重量及支撑高度设置可靠的模板和支撑系统,考虑弹性和非弹性变形、支承下沉、温差及日照的影响,必要时应设支承千斤顶调控。体积过大的横梁可分两次浇筑。

(5)斜塔柱施工时,必须对各施工阶段塔柱的强度和变形进行计算,应分高度设置横撑,使其线形、应力和倾斜度满足设计要求并保证施工安全。

(6)索塔混凝土现浇应选用输送泵施工,超过一台泵的工作高度时,允许接力泵送,但必须做好接力储斗的设置,并尽量降低接力站台高度。

(7)宜在索塔施工中设置劲性钢骨架,以保证索管空间定位精度和钢筋架立的精度。

(8)索塔施工组织设计中必须制订整体和局部的安全措施:①设置运输安全设施,如塔吊起重量限制器、断索防护器、钢索防扭器和风压脱离开关等;②防范雷击、强风、暴雨、寒暑和飞行器对施工的影响;③防范吊落和作业事故并有应急的措施;④应对塔吊、支架安装、使用和拆除阶段的强度稳定等进行计算和检查。

(9)必须避免上部塔体施工时对下部塔体表面的污染。

第二节 主梁

斜拉桥的主梁分混凝土梁、钢梁和结合梁,架设方法主要包括顶推法、平转法、支架法、悬臂浇筑法和悬臂拼装法,混凝土主梁大部分采用后两种方法,其基本要求同悬臂法梁桥。此外,要保证预应力管道的定位、斜拉索套管的定位以及斜拉索位置和锚头尺寸的精度。漂浮式体系须注意堵梁临时固结措施的设置与拆除方法。钢主梁包括叠合梁、钢箱梁和混合梁。叠合梁是组合钢梁加混凝土桥面板的一种结构,一般为双索面,桥面板与钢梁要很好地结合并协调变形,混合式斜拉桥的主跨与边跨采用两种不同的材料,两边跨为预应力混凝土梁,主跨为钢梁,过渡孔的连接以及背索的布置要足够重视。钢箱梁的施工可参见悬索桥的相关内容。

一、主梁的施工控制

由于斜拉桥的施工方法和程序对成桥后主梁线形和结构恒载内力具有决定性的作用,特别是施工阶段斜拉桥结构体系和荷载状态的不断变化直接引起结构内力和变形的不断变化,所以对斜拉桥每一施工阶段必须进行详细的检测分析和验算,从而确定下一施工阶段拉索张拉量值和主梁标高及索塔位移等控制量值,以便进行下一阶段的施工,如此直至合龙和成桥。这一过程控制就是斜拉桥的施工监控。

施工监控是斜拉桥主梁架设设计的继续。斜拉桥在主梁架设过程中,结构实际参数难免与设计值存在差异,加之施工荷载的不确定性,使结构内力与变位偏离设计值。这种偏离的积累,不仅影响成桥后的正常使用,而且涉及施工中的结构安全,因此必须对每个节段架梁循环采取监控测试措施。将监控测试所取得的实际架梁参数,经过温度修正和标准化处理并与设计值的偏差做出分析、判断,对偏差超限作出调整对策等。以上过程一般由设计单位通过监控软件系统完成,最后得出下一节段主梁架设的索力和节段高程等,以指导架梁施工。

施工监控实际上是对每个节段架梁循环逐步调整计算的过程,常以设计计算为主牵头进行,由设计指导施工,由试验提供已架梁段的实际参数。

主梁施工时必须进行施工控制,即对梁体每一施工阶段的结果进行详细检测分析和验算,以确定下一施工阶段拉索张拉量值和主梁线形、高程及索塔位移控制量值,周而复始直至合龙成桥。

施工监控测试的主要内容有:①变形:主梁线形、高程、轴线偏差和索塔的水平位移。②应力:拉索索力、支座力以及梁塔应力在施工过程中的变化。③温度:温度场及指定测量时间塔、梁、索的温度变化。

对于偏差的处理和索力的调整,常用的方法主要有以下两种:

(1)一次张拉法。在施工过程中每一根斜拉索张拉至设计索力后不再重复张拉。对于施工中出现的梁端挠度和塔顶水平位移偏差不用索力调整,或任其自由发展,或通过下一块件接缝转角进行调整,直至跨中合龙,其挠度的偏差采用压重等方法强迫合龙。一次张拉法简单易行,施工方便,但对构件的制作要求较高,因为对已完成的主梁标高和索力不予调整,主梁线形较难控制,跨中强迫合龙则扰乱了结构理想的恒载内力状态。

(2)多次张拉法。在整个施工过程中对拉索进行分期分批张拉,使施工各阶段结构的内力较为合理,梁塔的受力处于大致平衡的状态,即梁塔仅承受轴向力和数值不大的弯矩。主梁的线形主要是通过斜拉索索力在一定范围内的调整而加以控制的。

二、梁塔临时固结

非与索塔结构固结的主梁,施工时必须使梁塔临时固结,并按要求程序解除临时固结,完成设计的支承体系。必须加强施工期内对临时固结的观察。

三、混凝土主梁

(1)主梁零号段及其两旁的梁段,在支架和塔下托架上浇筑时,应消除温度、弹性和非弹件变形及支承等因素对变形和施工的不良影响。

(2)挂篮是在主梁施工时,利用已施工梁段作挂篮的支撑体,以支承待施工梁段模架及施工梁体重力的施工设施。挂篮有多种形式,一般由施工单位根据拥有的材料设备等情况自行设计。设计力求安全轻便,使用可靠,按结构一般可分为悬臂梁式和前支点式。

悬臂梁式挂篮,包括悬臂桁架梁式挂篮,特点是悬出的梁或桁架梁前端设有支点。

前支点式(牵索式)挂篮,利用主梁的斜拉索作为悬出梁端的前支点,待新浇梁段混凝土达到设计强度后再将斜拉索拉力转移到主梁上,这种简支式的结构使挂篮的结构和自重大为简化。设计合理的挂篮,其自重约为待施工梁段自重的0.4倍。

采用挂篮悬浇主梁时,除应符合梁桥挂篮施工的有关规定外,还应按下列规定执行:

(1)挂篮的悬臂梁及挂篮全部构件制作后均应进行检验和试拼,合格后再于现场整体组装检验,并按设计荷载及技术要求进行预压,同时测定悬臂梁和挂篮的弹性挠度、调整高程性能及其他技术性能。

(2)挂篮设计和主梁浇筑时应考虑抗风振的刚度要求。

(3)拉索张拉时应对称同步进行,以减少其对塔与梁的位移和内力的影响。

为防止合龙梁段施工出现的裂缝,应采用以下方法改善受力和施工状况:

(1)在梁上、下底板或两肋端部预埋临时连接钢构件,或设置临时纵向连接预应力索,或用千斤顶调节合龙口的应力和合龙口长度。

(2)合龙两端高程在设计允许范围内时,可视情况进行适当压重。

(3)观测合龙前连日的昼夜温度场变化与合龙高程及合龙口长度变化的关系,选定适当的合龙浇筑时间。

(4)合龙梁段浇筑后至纵向预应力索张拉前应禁止施工荷载的超平衡变化。

主梁采用悬拼时,除应遵守连续梁及斜拉桥主梁悬浇的有关规定外,还应按下列规定施工:

(1)预制梁段,如设计无规定,宜选用长线台座(可分段设置),亦可采用多段的联线台座,每联宜多于5段,先预制顺序中的1、3、5段,脱模后再在其间浇筑2、4段,使各端面啮合密贴,端面不应随意修补。

(2)应在底模上调整主梁分段形体所受竖曲线的影响。拼装中多段积累的超误差可用湿接缝调整。

(3)梁段拼合前应试拼,以便及时调整。

(4)湿接缝拼合面应进行表面凿毛和清扫,干接缝应保持结合面清洁,粘合料应涂刷均匀。

(5)采用垫片调整梁段拼装线形时,每次垫片调整的高程不应大于20 mm。

长拉索在抗震阻尼支点尚未安装前,应采用钢索或杆件(平面索时)将一侧拉索联结以抑制和减小拉索的振动。

大跨径主梁施工时应缩短双向长悬臂持续时间,尽快使一侧固定,以减少风振的不利影响,必要时应采取临时抗风措施。

四、钢主梁(包括叠合梁和混合梁)

(1)钢主梁应由资质合格的专业单位加工制作、试拼,经检验合格后安全运至工地备用。堆放应无损伤、无变形、无腐蚀。

(2)钢梁制作的材料应符合设计要求。焊接材料的选用、焊接要求、加工成品和涂装等项的标准和检验内容均应按规范和相关规定执行。

(3)应进行钢梁的连日温度变形观测对照,确定适宜的合龙温度及实施程序,并应满足钢梁安装就位时高强螺栓定位所需的时间。

五、组合梁

组合梁斜拉桥适合跨度大于400 m的斜拉桥。组合梁包括主梁采用预应力混凝土与钢的混合结构及主梁采用钢梁与混凝土车道板联结的复合梁结构，二者均属钢结构为主的梁段结构。在金属构件的加工制作中焊接工艺对梁的施工误差、变形及诸项的质量标准影响大，根据林元培所著《斜拉桥》中的施工经验，钢梁焊接时，为确保焊接接头热影响区的粗晶区与母材标准的最低值等强度、等韧性，为此，必须严格控制粗晶区由800 ℃冷却至500 ℃的时间，因而不应单纯、片面地控制线热量输入值E，亦不应单纯凭探伤合格就认为焊接接头合格，应经试验后在钢梁加工制作时予以适当调整。

第三节 拉索

拉索施工包括拉索的制造、架设、挂索、张拉和调索五个过程。拉索由索股和锚头组成，分为平行钢丝束索股、钢铰线索股和钢丝绳索股(已较少采用)，锚固的方式也有多种。拉索的制作技术已比较成熟，但防护技术与措施须加强控制。在运输、存放、吊装过程中，不得损伤索体保护层和索股以及索端锚头和螺纹，不得堆压弯折索体。应根据塔高、布索方式、索的刚柔程度、起重设备和现场状况，综合选择架设方法以及采用不同的挂索方式。挂索施工中连接件较多，应特别注意各处连接的可靠性。张拉施工的设备和方法应根据设计的索型、索具、布索方式来确定。塔和梁的构造确定拉索张拉的顺序、次级数和量值控制尤其重要，必须按设计规定执行，拉索的索力调整要制定专门的程序和工艺细则。

一、拉索的制作

(1)拉索及其锚具应委托专业单位制作，严格执行国家或部委颁布的行业标准和规定生产，并应进行检测和验收。

(2)拉索成品和锚具交货时应提供下列资料：

①产品质量保证书、产品批号、设计索号及型号、生产日期、数量、

长度和重量等。

②产品出厂检验报告及有关数据。

二、拉索的安装与张拉

(1)拉索的安装可根据塔高、布索方式、索长、索径、索的刚柔程度、起重设备和施工现场状况等综合选择架设方法。

(2)安装前应根据索长、索重、斜度和风力等因素计算其安装过程中锚头距索管口2.0 m、1.0 m,距锚板0.70 m以及锚头带锚环时的牵引力,以综合选择架设方案和设备。

(3)施工中不得损伤索体保护层和索端锚头及螺纹,不得堆压弯折索体。拉索的安装施工中应注意以下几点:

①不得用起重钩或易于对索体产生集中应力的吊具直接挂扣拉索,宜用带胶垫的管形夹具尼龙吊带或设置多吊点起吊。

②放索时索体应贴在特制的滚轮上拖拉,并应控制索盘的转速,防止转速突变或倾覆。

③为防止锚头和索体穿入塔、梁索管时的偏位和损伤,应在放管处设置控制的力点或限位器调控。

④安装过程中锚头螺纹应包裹,及时消除拉索的包护物。拉索防护层和锚头损伤应及时修补并记入有关表格存档以便跟踪维护。

(4)施工中,拉索抗震的约束环和减振器未安装前,必须确保索管(特别是梁上索管)和锚端的防水、防腐、防污染。

(5)斜拉桥拉索的张拉应按下列各项执行:

①张拉施工的设备和方法应根据设计的索型、锚具、布索方式以及塔和梁的构造确定。

②拉索张拉的顺序、级次数和量值应按设计规定执行。应以振动频率计测定的索力或油压表量值为准,以延伸值作校核,并应视拉索防震圈以及弯曲刚度的状况对测值予以修正。

③拉索张拉可于塔端或梁端单端进行,也可顶升索鞍支座进行。平行钢丝拉索宜采用整体张拉,平行钢绞线拉索可用整体或分索张拉,分索张拉应按“分级”“等力”的原则进行,每根同级的索力允许误

差为±1%。

④索塔顺桥向两侧的拉索(组)和桥横向对称的拉索(组)必须对称同步张拉;同步张拉的不同步索力的相差值不得超出设计规定;两侧不对称或设计拉力不同的拉索,应按设计规定的索力分级同步张拉,各千斤顶同步之差不得大于油表读数的最小分格,索力终值误差应小于±2%。

⑤拉索锚固时不宜在锚环与承压板间加垫,需要加垫时,其垫圈材料和强度应符合承压要求,并应设成两个密贴带扣的半圆。

⑥拉索张拉完成后,悬臂施工跨中合龙前后,当梁体内预应力钢筋全部张拉完且桥面及附属设备安装完时,应采用传感器或振动频率测力计检测各拉索索力值,同时应视防震圈及索的弯曲刚度等状况对测值予以修正。每组及每索的拉力误差超过设计规定时应进行调整,调整时可从超过设计索力最大或最小的拉索开始(放或拉),直到调至设计索力。调索时应对塔和相应梁段进行位移检测,并做出存档记录,记录内容包括日期、时间、环境温度、索力、索伸缩量、桥面荷载状况、塔梁的变位量及主要相关控制断面应力等。

第四节 斜拉桥的悬臂施工

一、概述

斜拉桥的施工方法,主要应考虑斜拉桥的结构体系、索型、索距和主梁断面形式、施工技术设备和工程现场条件等因素。斜拉桥的基础、墩台和索塔施工与其他桥型相同,这里不再叙述。本节重点讨论斜拉桥上部结构主梁的施工方法。

斜拉桥上部结构的施工方法不同,结构在各施工阶段的内力也是不同的。先进的有创造性的施工技术和方法,能推动桥梁设计新理论的发明创造,同时创新的桥梁概念设计也能推动施工技术与方法的发展。桥梁设计与施工,两方面必须密切配合,往往桥梁结构设计时由施工内力所控制,设计时必须考虑施工技术与方法和施工阶段的结构内力与变形;反之施工技术与方法的选择也应符合设计要求。因此在土木工程市场招标、投标、承包过程中,许多业主倾向设计和施工联合招标,以利于桥梁工程的建设管理与技术进步。

梁式桥施工的技术与方法均可用于斜拉桥的施工。例如,常用的悬臂施工法、转体施工法、支架法和顶推法等都可用于斜拉桥的施工。到目前为止,从我国已修建的斜拉桥施工方法和经验中可以得出以下结论。

(一)支架法施工

支架法施工优点是施工简单方便,能确保结构满足设计线型。适用于桥下净空较低,搭设支架不影响桥下交通的情况。常用于斜拉桥的边跨施工,如天津永和斜拉桥,两端主梁各有43.7 m在支架上现浇施工;也可用于一般斜拉桥的施工,如陕西咸阳渭河单塔双索面斜拉桥,为有支架法现浇主梁施工,跨径为2×100 m,桥宽为25 m。

(二)顶推法施工

顶推法施工在预应力混凝土连续梁桥的施工中使用广泛,还应用于钢梁桥和钢斜拉桥的顶推与拖拉架设相结合的方法中。顶推法施工的特点是当桥梁跨径较大时,需设临时支墩,顶推施工时主梁要反复承受正、负弯矩,与成桥后内力相比变化较大。顶推法适用于桥下净空较低,修建临时支墩方便,又不影响桥下交通,能承受正、负弯矩反复变化的钢斜拉桥主梁的施工。在钢斜拉桥方面,国外有索塔与梁固结一起顶推成功的经验。而在混凝土斜拉桥方面,由于自重大,加上混凝土材料要变化内力等,顶推施工有一定难度且只适合于跨径不太大的塔与梁身固结的斜拉桥上。

我国唯一一座顶推施工的公路斜拉桥是湖南衡山湘江公路大桥。主桥为45 m+2×90 m+45 m的三塔单索面斜拉桥,桥宽为15 m,于1993年2月开工,1995年12月建成通车。该桥采用顶推法施工,是斜拉桥施工方法新的有益的探索和工程实践。

(三)平转施工法

用于斜拉桥上部施工主要为平转法。与用于拱桥一样,其特点是将上部结构在两岸或一岸沿河流方向的低支架上现浇,并在岸上完成主要的安装工序,如落梁、张拉和调整索力等,然后以桥墩塔为圆心旋转到桥位合龙。适用于斜拉桥跨径不大,桥址处地形平坦、墩身不高和结构体系适于整体转动的中等跨径。我国铁路斜拉桥采用平转法施工的是河北省秦皇岛市大里营铁路预应力混凝土斜拉桥。该桥上部结构为独塔刚性索,塔梁墩固结体系,跨径为42 m + 50 m,塔为H形双柱,主梁高1.6 m,为有碴槽形梁,底板厚50 cm,槽内侧净距5.2 m,局部加强处4.6 m,设纵横双向预应力筋。转体施工时使用了中心转盘和钢筋混凝土球铰,辅助滑道连续索转动力装置和柔性杆体系等,使转体工作平稳顺利地完成。我国公路斜拉桥采用平转施工的是四川省金川县曾达斜拉桥,该桥跨径为68 m + 37 m,采用塔、梁、墩固结体系的钢筋混凝土独塔斜拉桥,塔高为25 m,中跨为空心箱梁,边跨为平衡受力的实心箱梁。

(四)悬臂施工法

悬臂施工法是斜拉桥施工中使用最多的方法,可以用单悬臂施工,也可用双悬臂对称平衡施工。可以用悬臂现浇施工法,也可用预制悬臂拼装施工法。下面将详细介绍悬臂施工法。

二、悬臂施工法

(一)一般挂篮悬臂现浇施工

悬臂现浇施工所使用的挂篮结构及受力变形与在悬臂梁、连续梁和连续刚构桥中使用的相似。一般做法是将梁上两索距间梁段分为两段现浇,以减轻挂篮和施工临时荷载。

(二)斜拉桥主梁专用牵索挂篮悬臂浇筑施工

20世纪90年代后,我国的斜拉桥建设,除了桥型样式多,品种齐全,在跨度上也有了大的飞跃。20世纪80年代建成的斜拉桥,主跨大都在300 m以内,20世纪90年代各种类型斜拉桥跨度已跃入世界先进水平行列。预应力混凝土斜拉桥主跨400 m以上的已建了多座，比如湖北荆州长江大桥主跨已达500 m。由于斜拉索面对提高主梁抗扭刚度的重要作用，300 ~ 500 m主跨的混凝土斜拉桥尽量利用斜索面的优点，配以施工简单的板式断面代替过去采用直索面和带分离箱或闭口箱梁的组合方式。加之现代桥梁建设对工程质量和进度的要求，悬臂现浇必须加大梁段和节省施工时间，以保证按合同工期竣工通车。因此，我国不少施工单位与设计单位配合，研制开发了利用斜拉索牵引挂篮的牵索挂篮施工设备系统。主要类型分为牵索长平台挂篮和短平台挂篮。

1.牵索式挂篮的结构构造及功能

牵索式挂篮主要由主桁承重系统、模板系统、牵索系统、锚固系统、调高系统及走行系统六大部分组成。

1)主桁承重系统

主桁纵向由四榀万能杆桁梁组成，横向由三榀力万能杆件桁梁连接，桁梁高均为2 m。纵向四榀桁梁长度：外侧两榀为20 m，中间两榀为18 m。横向三榀桁梁长度为24 m，分别连接纵梁的前端、中间和后端。在外侧桁梁前端4 m范围内设置了与牵索系统连接的锚固滑槽，在中间桁梁处设置了走行牛腿。整个挂篮通过牵索系统和锚固系统，将全部施工时的荷载传于主塔及已成梁段上。挂篮通过走行牛腿及尾端横梁上的走行轮完成转移。

2)模板系统

模板系统由底模、外侧模、开箱内模及闭箱内模组成。底模通过纵、横分配梁直接连在主桁梁上，施工及转移时始终随桁梁一起工作。模板采用型钢及钢板组焊成整体格构模板。外侧模由A型和B型两类组成。A型模板用于标准梁段，采用型钢及钢板组成。B型模板由各索锚块的三向坐标随索的交角不同而变化，所以采用钢木混合结构。开箱内模由两根横梁分开，其顶模均为整块大模，侧模为轻巧易拆装的专用模板。闭箱内模也由两根横梁分开，横梁上设置了0.8 m×1.2 m的过人孔，模板均由该孔拆出，所以其模板的每一部件都要轻巧易拆装。

模板系统主要承受灌注混凝土时的各种压力，并按设计梁线形成型。在模板系统中设置锁定及调整部件，主要是锁定和调整模板到设计位置。

3)牵索系统

牵索系统分A型和B型两种，A型用于主梁单根缆索一侧，B型用于主梁两根缆索另一侧。该系统由异形接头、牵引杆、吊耳、水平调整螺杆、扁担梁、元宝梁及千斤顶组成。吊耳位于主桁的锚固滑槽内，元宝梁与吊耳之间采用转轴联接。异形接头一端与拉索冷铸铺连接，另一端与牵引杆连接。牵引杆通过元宝梁和扁担梁进行锚固，并在元宝梁与扁担梁之间安装千斤顶。牵索系统主要作用是将挂篮前端的垂直荷载直接传至斜拉桥主塔，以减小挂篮作用在斜拉桥主梁上的垂直荷载。牵索系统的另一作用是完成体系转换，即施工时缆索锚固在挂篮上，施工后拉索锚固在斜拉桥主梁上。

4)锚固系统

锚固系统由侧锚、中锚和后锚组成。

侧锚由垫梁、垂直吊杆、斜向拉杆、锚梁、分配梁、扁担梁及千斤顶组成。垫梁搁放在已成主梁的顶板上，前端连在主梁的混凝土上，垫梁与主梁间垫橡胶垫以增加水平摩擦力。垂直吊杆与斜向拉杆一端锚固在主桁处的锚梁上，另一端锚固在垫梁上，并与扁担梁连接。在垫梁与扁担梁间设有千斤顶，用以安装和拆除锚固系统。该系统主要承受主桁两侧的垂直反力及由牵索系统传来的水平反力，并将这些力传至斜拉桥主梁上。在挂篮转移时，垂直吊杆通过千斤顶将挂篮主桁落在走行滑槽内。

中锚由上锚梁、下锚梁、分配梁、垂直吊杆、斜向拉杆、扁担梁及千斤顶组成。上锚梁安放在主梁顶面，分配梁及下锚梁安装在主桁架上。垂直吊杆及斜向拉杆一端锚固在下锚梁上，另一端锚固在上铺梁上，并与扁担梁连接。千斤顶安放在上锚梁与扁担梁之间，用来安装及拆除锚固系统。该系统主要是将桁梁中部垂直荷载传至斜拉桥主梁上，水平力自身平衡。

后锚由小锚梁和拉杆等组成，它位于挂篮的尾部。小锚梁安放在主梁上，拉杆上端锚固在小锚梁上，下端锚固在桁梁上，该系统的作用是将挂篮的尾部与斜拉桥主梁进行锚固连接。

5)调高系统

调高系统由两种类型的楔块组成。一种位于挂篮主桁的尾端横梁上，另一种位于挂篮的中间横梁上。它们主要由楔座、楔块及对拉螺栓组成。上楔座与斜拉桥主梁底面接触，下楔座与桁梁连接，在上下楔座间安装楔块和对拉螺栓。其作用是调整挂篮标高到设计位置，而且尾部调高楔块在走行时又可作走行轮安装架。

6)走行系统

走行系统由滑靴、滑道、走行轮、牵拉精轧螺纹钢筋及穿心式千斤顶等组成。滑靴安装在桁架的走行牛腿上。滑道前端设顶座，锚放在斜拉桥土梁顶面。走行轮安装在尾端调高楔块上，走行时，精轧螺纹钢筋一端与走行牛腿连接，另一端与安放在滑道顶座上的穿心式千斤顶连接，形成走行系统。该系统的主要作用是当挂篮施工完一段后，将其转移到下一段。

2.牵索式挂篮的施工技术

1)施工工序

(1)牵索式挂篮桁梁及底模就位后，借助调高系统，用锚固系统按设计位置及标高进行锚固。

(2)安装外侧模，同时安装斜拉桥拉索并与牵索系统进行连接。

(3)绑扎底板及斜腹板钢筋等。

(4)安装开箱侧模，并绑扎纵、横隔墙钢筋。

(5)安装闭箱内模，并绑扎隔端钢筋。

(6)连接对拉螺栓等。

(7)安装开箱及闭箱顶模，并绑扎顶板钢筋。

(8)按设计值预拉斜拉桥拉索到挂篮需要的吨位。

(9)检查斜拉桥拉索冷铸锚的锚杯是否离开外侧模上的锚垫板，其间距应大于1～4 cm，如有差异，应通过主塔上的张拉千斤顶与牵索系统的千斤顶进行调整。

(10)检查钢筋绑扎情况及模板各部分尺寸,同时检查挂篮连接情况,使其均满足设计要求。

(11)悬臂灌注混凝土应注意从挂篮前端分层向后灌注,并预留下一段挂篮锚固孔。

(12)混凝土养生,待混凝土强度达到设计值的80%后,拆除模板。

(13)张拉纵横向预应力筋及竖向预应力筋。

(14)牵索系统的千斤顶同时加力,使其增加5%,并要确保两侧索力相同。

(15)将斜拉桥拉索锚固端的冷铸锚锚杯紧密地锚固在梁体锚垫板上。

(16)松开牵索系统元宝梁上的锚固螺栓,千斤顶回油,解除牵索系统与斜拉桥拉索的连接,如一次解除不掉,可反复进行"千斤顶加力→松开元宝梁锚固螺栓→千斤顶回油→松开扁担梁螺栓→退下扁担梁→千斤顶再加力……"这一循环步骤,直至连接解除。

(17)用斜拉桥主塔上的千斤顶同时张拉斜拉索到设计吨位,并进行锚固。

2)挂篮走行

(1)挂篮转移斜拉桥拉索张拉到设计吨位锚固后,解除锚固系统的斜向拉杆。

(2)铺好走行滑道,两侧滑道高差小于3 mm。

(3)用锚固系统的垂直吊杆将挂篮桁架与底模及外侧模等慢慢落在走行滑道上。

(4)解除锚固系统的垂直吊杆。

(5)在桁梁的尾部横梁上,对称安装两台500 kN千斤顶。用这两台千斤顶调高楔块顶离斜拉桥主梁底面,装入走行轮并进行固定。将穿心式千斤顶平放在滑道前端的顶座上,并将长8 m、直径32 mm的精轧螺纹钢筋一端连接其上,另一端与挂篮的走行牛腿相连。

(6)千斤顶同时反复顶拉,使挂篮前移。

(7)反向设倒链以保证安全,同时将主梁上的锚固系统部件移至下一段安装位置。

(8)挂篮走行就位后,借助千斤顶拆除走行轮,用锚固系统吊升,安装挂篮到设计位置。

3.牵索式挂篮的施工要点

(1)挂篮的安装标高要严格按设计给定标高进行。

(2)预留孔应准确,不得使吊杆及拉杆受弯。

(3)挂篮的预拉力,要按设计准确设置。

(4)锚固螺栓要借助千斤顶将其拧紧。

(5)外侧模板在锚垫板处不要包死。采用锚垫板作为模板的一部分,以便冷铸的锚杯在不拆模的情况下进行锚固。

(6)挂篮走行时,一定要平稳前移。如有偏斜情况,要及时调整。

(7)悬臂灌注混凝土时,应从挂篮的前端分层均匀地向挂篮尾端进行。

(8)千斤顶是施工中的重要工具,必须认真保养,防止碰伤及雨淋等。

(9)走行系统要经常进行润滑保护。

第五节 斜拉桥悬臂施工的监控

由于斜拉桥的施工方法和施工程序对施工中及成桥后主梁线形和结构恒载内力都具有决定性的影响,为了控制结构的形体和内力,使其符合预先设计的期望值,必须对梁体每一施工阶段的结果进行详细检测分析和验算,以确定下一施工阶段拉索张拉量值和主梁线形、高程及索塔位移量控制,周而复始直至合龙成桥。应根据斜拉桥的特点选择控制要点。主梁合龙前,以设计的线形和标高的控制为主;主梁合龙后及二期恒载施工时,以控制拉索和结构的设计应力为主。施工监控测试主要有变形监测、应力监测、温度监测以及施工参数的识别。并将实测值与施工理论计算值相比较,利用闭环控制理论,反馈计算分析并逐段修正误差,以达到跨中自然顺利合龙的目的。本节重点讨论这方面的问题。

一、斜拉桥悬臂施工监控决策理论系统

(一)斜拉桥悬臂施工结构状态的监控原理

大跨斜拉桥属高次超静定结构,其恒载内力与变形占总荷载引起内力与变形的比例较大。因此,施工工艺与监控的方法变化直接影响成桥后的主梁线形和结构恒载内力。而每一施工阶段的进展又伴随着斜拉桥结构体系和荷载状态的随机变化,这是一随机变量过程。尤其是对于预应力混凝土斜拉桥,混凝土的收缩徐变性能,斜拉索的几何非线性性能,温度变化对结构的影响,主梁结构自重与设计自重的偏差,施工临时荷载的控制,施工中风力和地震等随机和偶然荷载结构的影响等,都必须进行分析、预测和计算,并将理论值与施工实际监测值及时进行比较和调整。这就是对斜拉桥的施工进行适时的监控。所以斜拉桥施工监控的原理就是闭环控制系统,即经过一个“已施工阶段→跟踪量测→参数识别→误差修正→预告参数→新施工阶段”的往复循环过程。

(二)斜拉桥悬臂施工监控的基本任务和原则

1.斜拉桥悬臂施工监控的基本任务

确保斜拉桥在悬臂施工中结构受力状态和变形的安全度,使成桥后主梁的线形及斜拉索拉力符合设计的要求,控制各种误差在规范和设计的容许范围之内。

2.斜拉桥悬臂施工监控的基本原则

在悬臂施工阶段,应确保主梁线形和斜拉索索力进行双控,但主要以主梁标高和线形顺畅为主监控;在主梁合龙及体系转换后施加二期恒载时,在主梁标高与斜索拉力双控时,则应以索力为主进行监控。监控目标是达到设计所确定的成桥合理状态。在监控过程中,应分为预应力混凝土斜拉桥、钢主梁或结合梁斜拉桥,二者应有所区别。对

于预应力混凝土斜拉桥，因为主梁自重大，再加上悬浇挂篮或悬拼临时施工机具及人员荷载也较大，靠调整斜索拉力改善主梁线形作用有限，必须配合施工进展在下一阶段调整挂篮及模板的标高或悬臂梁段间接缝时转角等，确保主梁线形与标高期望值的实现。而对于钢主梁或结合主梁，相对自重和刚度较轻一些，可通过调整斜拉索的索力以调整主梁的线形与标高。总之，主梁标高与索力双控应结合具体施工情况而有所侧重或并重。

二、斜拉桥悬臂施工监控的实施方法

（一）斜拉桥悬臂施工监控的分析与计算

斜拉桥施工监控的计算机仿真计算与分析主要采用倒拆正装法和追踪施工阶段的正算法。

第一，倒拆正装法是指从斜拉桥的成桥状态出发，逆反实际悬臂施工的顺序，进行逐步倒退计算而求出各施工阶段相关的参数值。然后按正装顺序悬臂施工时，用此参数值控制各施工阶段的线形标高及索力，即可达到设计预期的合理结构状态。但倒拆正装法计算工作量大，在计算预应力混凝土斜拉桥的收缩和徐变时需反复迭代，计算出的参数值才较准确。

第二，正算法是按斜拉桥悬臂施工相同的顺序，跟踪仿真计算分析出各施工阶段的监控参数，如结构各部位的内力和位移等，以指导施工的正常进展，达到成桥所预定的结构状态。

（二）斜拉桥悬臂施工过程的监测试验

科学试验与量测的数据，是指导施工正常进展，改进和优化设计指标以及确保斜拉桥安全施工的重要科学依据。通过施工的现场试验与量测所得到的各施工阶段内力、挠度和预拱度数据资料，使各种计算机仿真分析计算结果得以用实践进行检验，使人们在实践中充分理解和验证力学模式及各计算参数选取是否正确，并及时纠正偏差，达到主客观认识的辩证统一，理论与实践的结合与统一。

施工监测与试验主要包括以下各项内容：

(1)对于悬臂浇筑施工,当牵索挂篮的牵索转换为永久斜控索,挂篮前移到位,为一监控测试状态;对于悬拼施工,当悬拼完一节梁段时为一监控测试状态。

(2)标高线形测量。宜在日出前清晨观测标高,这时观测的标高变化很小,基本不受不均匀温差的影响。若测量时间和天气不同,梁、塔、索在不均匀温差影响下,主梁标高变化各不相同,如湖北郧阳汉江斜拉桥在悬拼施工中观测发现,当主梁从储台悬臂伸出的长度超过200 m时,1 ℃温差对应主梁梁满标高的变化达8~18 mm。测量使用仪器可用GPS全球定位系统、精密水准仪、全站仪、经纬仪、倾角仪等,测量与监测的内容主要是主梁高程、主梁轴线偏差、塔柱中线偏差和塔柱水平位移等变化情况,以保持主梁线形和标高与设计值相符。

(3)索力测试。索力测试的仪器设备主要有液压法和频谱分析法,即用液压千斤顶油压表测量索力,以及用与油压千斤顶原理相同的长效测力仪测量索力。更普遍用于索力测试的仪器是频谱分析索力计,即用加速度或速度传感器与放大器采集斜索激振后或随机振动的自振频率信号,用动态信号分析仪和计算机处理信号并求出索力。现在斜拉桥索力测试多以频谱分析索力计测量为主,辅以油压千斤顶校核。如武汉长江二桥是以索力计所测索力为准,铜陵长江大桥索力是用DISI400钢索检测仪进行测量的。索力测试的内容主要是悬臂端附近的实际拉力与设计值相比较;另外是在主梁合龙前后,为调整主梁线形及改善主梁内力分布而全面调整索力的测量。

(4)主梁和索塔应力应变测试。主梁悬臂施工时,为了实际了解和掌握主梁、横隔梁和索塔控制断面的应力状况,并为斜拉桥施工控制提供科学数据,保证施工安全及受力合理,一般应在塔柱测试断面的四个角点、主要横隔梁断面、主梁断面布置绝对应力计和差动式电阻应变计进行自动测试并记录,测试记录结果应注意扣除无应力应变及温度影响值。将每次测试数据反馈并与设计计算的理论值比较,如发现异常应立即查找原因并采取纠偏措施。

(5)温度场测试。斜拉桥的设计理论是建立在一个相对均衡的温度场上的,实桥测试时也必须考虑温度场同理论假设相接近,即无日照影响，温度变化小，一般在后半夜或日出前清晨，该时段温度变化相对稳定。为检验日照、气温变化对索力及主梁悬臂施工线形变化的影响，应分别选择晴天和阴雨天进行24 h全桥全天候温度观测，并同步进行索力及主梁标高测试，寻找温度场与结构内力和变形的客观规律，以科学测试结果指导施工。如上海南浦大桥、杨浦大桥的温度场观测，为钢主梁的顺利合龙起了重要的指导作用；武汉长江二桥在1994年12月份的一次连续24 h温度场观测中，发现昼夜温差只有6.5 ℃，而主梁13号段梁端测出的线形变化值却已达40 mm。一般情况下，主梁悬臂越长，昼夜温差变化越大，主梁的日高差变化也就越大。此高差变化值若超出设计允许范围，则必须及时纠偏。

（6）主梁节段重量与几何尺寸测试。对于悬臂施工的斜拉桥来说，跨径越大，悬臂越长承受的压应力越大。为了保证主梁下翼板施工中的安全性与可靠性，必须严格控制主梁节段重量。特别是对于悬浇施工的预应力混凝土斜拉桥，任何混凝土超方、超重都会增大自重恒载，所以施工中对模板应随时检查，对每一梁段的几何尺寸都必须量测并确保梁段重量与设计值相吻合，不允许出现混凝土超方或欠方现象的发生。

（7）主梁内预应力钢筋的测试。对于悬臂施工主梁内的预应力孔道位置是否准确要量测，预应力张拉前梁体混凝土强度及质量要试验，保证达到设计规定的强度才能进行预应力张拉；张拉过程中应双控钢丝束的伸长率及千斤顶与油压表的吨位值，并检查张拉过程中有无断丝、夹片，锚具有无变形及裂纹，锚下混凝土有无局部缺陷的质量问题等。这些测试要准确实施，以保证梁体断面均匀传力。

（三）施工过程的控制

与悬臂施工后的实际情况比，斜拉桥的理论计算和设计要达到预期并非易事。例如，我国杨浦大桥的边跨合龙采用了强迫合龙的措施；广东九江大桥悬臂合龙时两悬臂端分别加压重强迫合龙，且压重差达40 t。由此可见，施工过程的控制与管理非常重要。斜拉桥施工控制主要有以下几种方法：

1.闭环控制的设计参数识别与修正法(又称为自适应法)

主要是将施工中结构的内力与变形实际测量值与设计值比较后,估计出主要设计参数值并修正设计参数,再反馈到控制计算中,重新给出施工下一阶段的索力和主梁线形的理论期望值,以消除理论计算与实测值的误差,使主梁悬臂施工的线形和斜索拉力相协调。控制程序如图6-1所示。

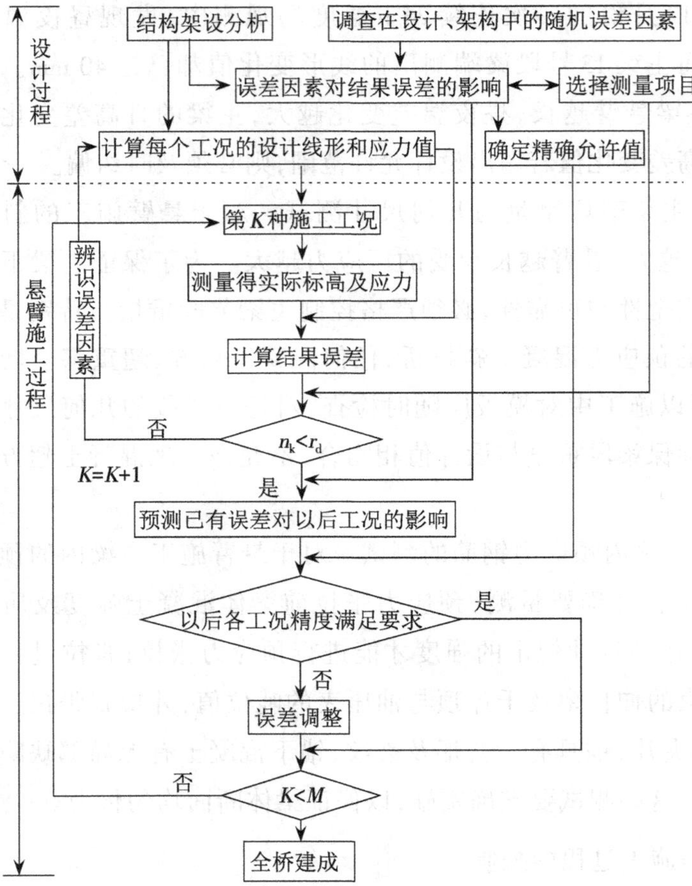

M—施工总阶段数。

图6-1 施工控制程序

2.卡尔曼滤波法

卡尔曼滤波法是利用数学、物理中的最优随机控制原理,选择斜拉桥设计施工中N个有限的控制矢量,达到预先指定的数学期望值,以达到进行结构状态控制的目的。我国上海泖港大桥等均使用此法进行施工控制。卡尔曼滤波法除了可根据数学原理用有限元矩阵方法算出控制的内力及标高外,还可较准确地预报下一阶段结构的行为。在施工中若发现滤波预报值与实测值相差较大时,应立即中止施工并检查原因,防患于未然,及早采取措施保证主梁悬臂施工的安全。

3.斜拉索的多次张拉法

例如,武汉长江二桥牵索挂篮悬浇主梁施工为斜拉索两拉到位法;安徽铜陵长江大桥悬浇主梁施工为斜拉索三拉到位法;上海南浦大桥结合梁悬臂拼装施工为多次张拉法调整钢主梁的架梁线形;湖北郧阳汉江预应力混凝土斜拉桥为预制悬拼施工,也是用多次张拉法调整主梁标高使之与设计值相符合,控制主梁安装标高误差在4 cm以内,索力值与设计值较吻合。主梁合龙后,全桥再统一调整一次索力。多次张拉索力的流程以安徽铜陵长江斜拉桥为例,见图6-2。

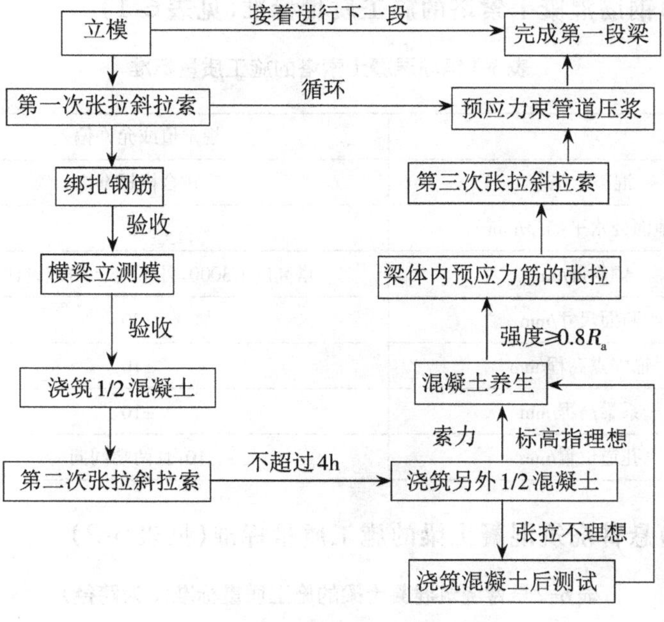

图6-2 索的张拉程序

另外,国内外有许多专家学者一直在探讨斜拉桥悬臂施工过程中斜拉索一次张拉到位的设计计算与施工方法。但由于悬臂施工中梁端标高的变化,加上诸多随机因素影响,如温度、混凝土收缩徐变、索的垂度和梁的自重等致使索力也要随之发生变化，造成结构线形及内力的变化自由发展，不能控制，容易造成施工中的工程事故，所以目前这种理想的方法在实践中还不可行。

第六节 斜拉桥施工质量标准与管理

一、质量标准

斜拉桥基础、混凝土、钢筋、预应力筋及钢结构等方面的施工质量标准，应参照标准或规范中的有关规定执行。索塔和梁的施工质量标准如下。

（一）钢筋混凝土索塔的施工质量标准（见表6-1）

表6-1 钢筋混凝土索塔的施工质量标准

项目	规定值或允许偏差
混凝土强度	在合格标准内
地面处水平偏差/mm	10
倾斜度/mm	塔高的1/3000，且不大于30或设计要求
断面尺寸/mm	±20
锚固点高程/mm	±10
系梁高程/mm	±10
孔道位置/mm	10，且两端同向

（二）悬臂浇筑混凝土梁的施工质量标准（见表6-2）

表6-2 悬臂浇筑混凝土梁的施工质量标准（L为跨径）

项目		规定值或允许偏差
混凝土强度/MPa		在合格标准内
轴线偏位/mm	L<100 m	10
	L>100 m	L/1000

续表

项目		规定值或允许偏差
混凝土强度/MPa		在合格标准内
斜拉索拉力/kN		符合设计要求
断面尺寸/mm	层高	+5,-10
	顶高	±30
	板厚	+10,0
梁锚固点高程/mm	$L \leqslant 100$ m	±20
	$L > 100$ m	±L/5000
锚具轴线与孔位轴线偏位/mm		5

(三)悬臂拼装钢筋混凝土梁规定(见表6-3)

表6-3悬臂拼装混凝土梁的施工质量标准

项目		规定值或允许偏差
轴线偏位/mm	$L \leqslant 100$ m	10
	$L > 100$ m	L/2000
斜拉索拉力/kN		符合设计要求
锚具轴线与孔道轴线偏位/mm		5
梁锚固点高程/mm	$L \leqslant 100$ m	±20
	$L > 100$ m	±L/5000
合龙段混凝土强度/MPa		在合格标准内

(四)悬臂施工钢及钢筋混凝土结合梁规定(见表6-4)

表6-4悬臂施工结合梁的施工质量标准

项目		规定值或允许偏差
轴线偏位/mm	$L \leqslant 200$ m	10
	$L > 200$ m	L/20000
混凝土强度/MPa		在合格标准内
混凝土板断面尺寸/mm	厚	+10,-0
	宽	±30

续表

项目		规定值或允许偏差
斜拉索拉力/kN		符合设计要求
梁锚固点顶面高程/mm	$L \leq 200$ m	±20
	$L > 200$ m	$\pm L/10000$
钢梁防护		涂装符合设计要求

(五)拉索的主要力学性能(见表6-5)

表6-5 拉索的主要力学性能(注:加载次数为2×10^6次)

拉丝类别	单丝类别	单丝				拉索				
		静载		动载		静载			动载	
		公称强度/MPa	极限延伸率/%	应力上限/MPa	应力幅/MPa	效率系数	极限延伸率/%	弹性模量/MPa	应力上限/MPa	应力幅/MPa
平行钢丝索	钢丝	1570	4.0	710	300	0.95	2.0	2.0×10^5	710	200
半平行钢丝索	钢丝	1570	4.0	710	300	0.95	2.0	1.95×10^5	710	200
平行钢绞线索	钢绞线	1860	3.5	840	200	0.95	2.0	1.90×10^5	840	160
半平行钢绞线索	钢绞线	1860	3.5	840	200	0.95	2.0	1.85×10^5	840	160
封闭式钢缆	圆形 梯形 Z形	1470	4.0	—	—	0.92	2.0	1.85×10^5	840	150

二、斜拉桥施工过程的工程计划与管理

要做好对斜拉桥的施工监控工作,必须要有施工控制的目标及实施细则,更重要的是要有得力的组织机构保障监控工作的顺利进行。一般应在斜拉桥施工现场成立由业主牵头的施工监控工作领导小组,包括参加工程建设的施工方、设计方、业主方、监理方及试验监测方等,理顺人流、物流和信息流渠道及关系,使施工监控工作得以顺利实现。例如浙江温州的瓯江二桥斜拉桥专门成立了监控组织机构和误差控制及数据传递路线，分工明确、责任到人、加强管理、各司其职，实现了自适应控制的目标。

第七节 对应规避和违规操作的警示

一、横梁、索塔

规避(!)：

(1)横梁等大体积混凝土施工未采取有效措施降低水化热。

(2)横梁锚固区永存预应力不足或过大。

(3)浇筑塔身混凝土施工时，各节段完成后未及时处理塔身施工预埋件。

(4)劲性骨架安装后以其依托立模，未重新复核其位置就浇混凝土。

(5)双塔斜拉桥，两塔施工的时间相差太大，甚至在不同的季节施工。

(6)浇筑索塔混凝土时，索孔模型固定不牢靠或整体跑模。

(7)塔身施工残留应力过大(尤其是中、下塔柱)。

(8)塔顶锚固区永存预应力不足或过大。

(9)环向预应力和张拉及压浆未制定特殊工艺。

(10)套筒定位不准。

(11)锚箱下混凝土不密实。

(12)斜拉桥边垮的端支点未专门设置拉力支座。

(13)斜拉桥在施工过程中，梁处于飘浮或半飘浮体系。

(14)塔墩分离(塔梁固结)体系时，塔(墩)梁未做临时固结处理。

严禁(×)：

(1)浇筑斜拉桥的横梁混凝土时，未充分考虑支架变形(弹性变形和非弹性变形)和未设置预拱度。

(2)塔身倾斜度超标。

二、拉索

规避(!):

(1)斜拉索损伤严重。

(2)拉索下料时长度误差过大或制作间隔过长。

(3)未对锚头采取严格的保护措施。

(4)减振器安装位置不准或不牢靠。

(5)索力绝对值及对应位置索力差超标。

(6)索力测试未考虑温度等因素影响。

(7)斜拉索被施工平台或其他物体挂住导致索力测试不准。

(8)索力调整的过程中,未同时对梁段和索塔的变位进行观测。

(9)全桥合龙后,未进行线形、索力、关键断面的应力量测。

(10)斜拉索张拉时未同步对称张拉。

严禁(×):

标高及索力未采取措施进行控制。

三、主梁(混凝土梁、钢梁、结合梁)

规避(!):

(1)混凝土梁的预制存放时间及顺序安排不合理。

(2)钢材品种选用不当或者未按设计要求进行预处理。

(3)焊接前未进行焊接工艺性能和力学性能试验。

(4)斜拉桥主梁按一般梁采用传统挂篮进行悬浇施工。

严禁(×):

钢与混凝土结合梁施工中钢梁顶面未调平或预制板底面平整度未达到设计要求。

四、施工控制

规避(!):

(1)节段现浇或拼装时,施工荷载与设计值相差过大,未及时根据实际情况调整。

(2)对索孔预埋件未按每一索孔独立坐标和标高进行控制。

(3)工地合龙精度差。

(4)成桥线形不平滑。

(5)斜拉桥的合龙温度选取以及合龙内力控制措施不当。

(6)斜拉桥在施工过程中未进行施工监测。

第八节 钢混组合梁斜拉桥施工技术及质量控制

斜拉桥是一种常见的桥梁结构体系,具有建造成本低、受力性能好、有较高美学观赏性等优点。同时具有构造复杂、设计计算难度大、高空作业多等特点。钢混组合梁斜拉桥是斜拉桥的一种重要形式,不仅弥补了钢箱梁斜拉桥在工程造价及钢桥面铺装耐久性的不足,而且在跨越能力及大跨度桥梁经济性方面比混凝土主梁更进一步。下面以望东长江公路大桥为例进行具体分析。

一、工程概况

望东长江公路大桥桥梁主桥为钢混组合梁斜拉桥,跨径布置1250 m,设计为(78+228+638+228+78) m的PK箱组合梁斜拉桥。望东长江公路大桥所处地层主要由第四系冲击成因的黏性土、粉细砂及卵石、碎石土组成。下伏基岩为第三系双塔寺组砾岩、二叠系灰岩。

二、主桥上部结构施工技术及质量控制

(一)叠合梁总体施工工艺

主桥上部结构叠合梁最大梁段重405 t,起吊梁段的重量加上桥面吊机的重量容易造成已安装梁段变形,因此,如何设置桥面吊机防止叠合梁变形,以及确保叠合梁起吊安全是本桥施工的重点和难点。

第一,叠合梁安装拟分七个部分进行:索塔区梁段安装、标准梁段安装、边跨支架上梁段安装、次边跨浅水区域支架梁段安装、边跨合拢

梁段安装、中跨合拢梁段安装及临时墩顶梁段安装。其中，边跨支架顶梁段和索塔区梁段利用大型浮吊吊装；次边跨浅水区域梁段及临时墩顶梁段利用大型浮吊吊装临时搁置在支架顶部，然后采用桥面吊机起吊安装；其他梁段利用桥面吊机吊装。

第二，施工临时墩、过渡墩、索塔、辅助墩等并拼装索塔区施工支架；利用浮吊吊装索塔区的梁段并与横梁临时固结，同时浇筑索塔区桥面板横向湿接缝混凝土并养生。

第三，进行梁段对称悬臂施工，利用桥面吊机吊装梁段；在梁段调整就位后，完成与上一梁段的钢梁连接。安装第二对斜拉索以及进行第一次张拉第二对斜拉索，然后浇筑桥面板横向湿接缝混凝土并养生。

（二）标准梁段施工

1. 进行桥面吊机安装及调试

零号块叠合梁焊接完毕、第一对斜拉索安装完成并进行第一次张拉后，利用浮吊将已经拼装成整体的桥面吊机吊至桥面。桥面吊机安装完成后进行载荷试验，以验证吊机的主要技术性能。

2. 吊装标准梁段

桥面吊机安装调试完成后，在桥塔两侧对称、同步进行标准梁段的悬拼施工。标准梁段的悬拼施工顺序为：运梁船抛锚定位→桥面吊机扁担梁与叠合梁连接起吊→叠合梁临时匹配→叠合梁精确定位→梁段间栓焊连接→挂索并第一次张拉→桥面板湿接缝浇注并养护至90%设计强度→前移桥面吊机就位→斜拉索第二次张拉→吊装下一梁段。

3. 标准梁段调位及匹配

由于桥面设有纵向坡度，且桥面吊机所在的叠合梁在前支点反力和斜拉索拉力的作用下，叠合梁出现中间下挠，两边上翘的临时状态。同时吊装的叠合梁在大钩和自重作用下出现的变形状态正好相反，这些因素均给梁的调位及临时匹配件的连接带来困难。因此，施工时对梁段调位及匹配操作控制如下：

（1）利用扁担梁上设置的水平千斤顶调整箱梁节段的纵向坡度，

使两相邻梁段同一位置上下接口的缝隙宽度基本相等，使待装梁段的纵向坡与已装叠合梁基本一致。

(2)继续提升梁段，使其与已安梁段的表面齐平。

(3)利用设在连续支架处的千斤顶驱使叠合梁的纵向移动，同时拉动布置于两梁段间的纵向和斜向手拉葫芦，使梁段向已装叠合梁靠拢。

(4)为了确保梁段间的合拢和匹配，扁担梁的起降应该缓慢，待就位后，再进行匹配件的连接，同时锁定主吊的千斤顶，收紧葫芦。

(5)进行索力的测试，时间一般选在温度比较稳定的夜晚，根据已经标注的测点进行梁段的高程和平面位置等的测量，进一步测试索力。

(6)若上面的各项检查和测试都满足要求，则可直接进行匹配件的连接；若出现梁段上下拱的高差较大，则应该用千斤顶等进行调整，确保一致后方可进行匹配件的连接。

4.梁段焊接连接、吊机前移

叠合梁精确定位后，将相邻两节叠合梁在顶板处用螺栓连接，并对称安装临时连接件，全截面焊接后拆除临时连接件、挂索并第一次张拉斜拉索。依次解除叠合梁与扁担梁间的连接、提升扁担梁、解除吊机后锚点的约束后，按照"顶升桥面吊机→前移行走轨道→锚固轨道→落放桥面吊机→顶推前移桥面吊机→锚固桥面吊机"的顺序完成桥面吊机前移作业。桥面吊机行走到位后进行斜拉索的第二次张拉。

三、斜拉索施工技术及质量控制

(一)施工前准备

高强平行钢丝成品索采用吊车吊至主塔附近梁上，起吊及运输时注意对PE护套的保护，搭设离地30 cm的平台，平台上铺麻袋多层，卸完用油布盖好，做好防漏、防火工作。成品索进场后根据质保单进行严格检验，合格后，妥善保管。首先检查锚具，PE在运输过程中是否有损伤，如有损伤，及时采取修理措施。检验并核对成品索合同内的质量证明文件等是否齐全完整。

(二)钢绞线斜拉索穿束

从钢绞线卷上放出钢绞线。钢绞线在进入斜拉索索导管(塔柱处)和预埋管(桥面处)前,应根据索长在PE钢绞线两端进行环向和径向剥去PE。对钢绞线的张拉端,应去掉一定长度的外圈钢丝(钢绞线周围的6根钢丝),仅留中心的一根钢丝,以便连接到钢丝绳连接的穿索板上。穿束步骤如下:

用设在塔顶的1.5 t高速卷扬机牵引钢丝绳从相应的锚孔穿出,经过HDPE外套管放出至桥面处。将张拉端(留有一根钢丝的一端)钢丝与连接器连接,操作塔顶的高速卷扬机将钢绞线拉至张拉端索导管口。在索套管出口将钢绞线牵引由塔顶1.5 t卷扬机改为塔柱内腔小卷扬机,牵引钢绞线露出锚头至千斤顶允许的工作长度,对于超出设计值的钢绞线进行切割。安装固定端锚头的夹片,塔内安装张拉端锚头的夹片,把钢绞线同连接器分开,并把牵引钢丝绳及连接器穿入下一个锚孔。把单孔千斤顶装到刚安装好的钢绞线上,并按预定力张拉。

预埋件的准备是一项非常重要的工作。各个部位的预埋件为将来挂索施工中卷扬机的固定、吊装的施工点等提供了保证。根据各个部位的特点和使用的需要,设计了不同的预埋件,并尽可能利用塔柱的施工预埋件。

(三)斜拉索张拉

斜拉索的张拉分为两次,第一次张拉在叠合梁节段栓焊完成后,第二次张拉在温度较低、没有太阳直射的天气下进行,可以选择晚上进行。在张拉的过程中,应该做好相应的记录,并且采用分级张拉,以5 t为一个级别,同时要观察油压表的数值,确保2次张拉保持一致。

(四)斜拉索索力调整

在施工的过程中,由于受到温度变化、风荷载、施工偏差等多方面的影响,斜拉桥的实际索力值会与理论计算值有一定的偏差。因此,应时刻对索力进行调整,使得索力与桥面线型都满足设计的要求。而且索力的调整不是一次就可以到位的,需要进行多次调整,直到完成满足设计要求。

第七章 悬索桥施工与质量控制

目前,想要建造超过2000 m特大跨径的唯一桥型是悬索桥。悬索桥桥梁工程是庞大的系统工程,一个环节考虑不周就有可能延误整个工期。部分构件(如索鞍、索夹、索股、吊索和钢加劲梁等)需由专业厂家制造;有些关键工序的施工工艺需通过试验才能确定,所以这些工作要有计划地安排,并做好合同管理工作。

第一节 锚碇

锚碇是悬索桥的六大部件之一,其主要作用是为悬索承重体系的主缆提供锚固反力。按照锚固反力提供方式的不同,锚碇分为重力式锚碇和隧道式锚碇两种设计方法。锚碇和主缆通过预埋在锚碇中的主缆锚固件相互连接,主缆锚固件系有型钢锚固体系和预应力锚固体系两种主要设计方法。锚碇基坑或坑道的开挖、锚固体系的制造和安装、大体积混凝土浇筑是锚碇工程施工的重要组成部分。

一、重力式锚碇基础施工

重力式锚碇基础施工除必须按有关规定执行基础施工要求外,还必须注意以下问题。

(1)基坑开挖时应采取沿等高线自上而下分层开挖的方法,在基坑外和坑底要分别设置排水沟和截水沟,防止地面水流入且积留在坑内而引起塌方或基底土层破坏。原则上应采用机械开挖,开挖时应在基底标高以上预留150~300 mm土层用人工清理,不要破坏基底结构。如采用爆破方法施工,应使用预裂爆破等小型爆破法,尽量避免对边坡造成破坏。

(2)对于深大基坑边坡处理,应采取边开挖边支护措施保证边坡稳定。支护方法应根据地质情况酌情采用。

二、重力式锚碇锚固体系施工

(一)对型钢锚固体系的规定

型钢锚固体系可按下列规定进行:

(1)所有钢构件安装均应按照钢结构要求进行。

(2)锚杆、锚梁制造时必须严格按设计要求进行抛丸除锈、表面涂装和无破损探伤等工作。出厂前应对构件连接进行试拼,其中应包括锚杆拼装、锚杆与锚梁连接、锚支架及其连接系平面试装。

(3)锚杆、锚梁制作及安装精度应符合表7-1的规定。

表7-1　锚杆、锚梁制作安装要求

<table>
<tr><th colspan="2">项目</th><th>规定值或允许偏差</th></tr>
<tr><td rowspan="3">锚杆制造</td><td>长度/mm</td><td rowspan="3">±3</td></tr>
<tr><td>高度/mm</td></tr>
<tr><td>宽度/mm</td></tr>
<tr><td rowspan="2">支架安装</td><td>中心线偏差/mm</td><td>±10</td></tr>
<tr><td>横向安装锚杆之平联高差/mm</td><td>-2,+5</td></tr>
<tr><td rowspan="3">锚杆安装</td><td>x轴/mm</td><td>±10</td></tr>
<tr><td>y轴/mm</td><td>±5</td></tr>
<tr><td>z轴/mm</td><td>±5</td></tr>
<tr><td rowspan="2">后锚梁安装</td><td>中心偏位/mm</td><td>5</td></tr>
<tr><td>偏角</td><td>符合设计要求</td></tr>
<tr><td colspan="2">漆膜厚度</td><td>不小于设计要求</td></tr>
</table>

(二)对预应力锚固体系的规定

(1)预应力张拉与压浆工艺,除需严格按照设计与预应力的要求进行外,锚头要安装防护套,并注入保护性油脂。

(2)加工件必须进行超声波和磁粉探伤检查。

(3)预应力锚固系统施工精度应符合表7-2的规定。

表7-2 预应力锚固系统施工要求

项目	规定值或允许误差
拉杆张拉力	符合设计要求
前锚孔道中心坐标/mm	±10
前锚面孔道角度/(°)	±0.2
拉杆轴线偏位/mm	5
连接器轴线/mm	5

三、重力式锚碇锚体混凝土施工

(一)大体积混凝土施工需采取下列措施进行温度控制,防止混凝土开裂

(1)采用低水化热品种的水泥。对于普通硅酸盐水泥应经过水化热试验比较后方可使用。

(2)采用下列方法降低水泥用量、减少水化热:掺入质量符合要求的粉煤灰和缓凝型外掺剂,粉煤灰用量一般为水泥用量的30%~40%;混凝土可按60 d的设计强度进行配合比设计。

(3)降低混凝土入仓温度。可对砂石料加遮盖防止日晒,采用冷却水作为混凝土的拌和水等。

(4)在混凝土结构中布置冷却水管,混凝土终凝后开始通水冷却降温。设计好水管流量、管道分布密度和进水温度,使进出水温差控制在10 ℃左右,水温与混凝土内部温差不大于20 ℃。

(二)大体积混凝土施工时应注意以下问题

(1)大体积混凝土应采用分层施工,每层厚度可为1~1.5 m,应视混凝土浇筑能力和降温措施而定。后一层混凝土浇筑前需对已浇好的混凝土面进行凿毛和清除浮浆,确保混凝土结合面粘结良好。层间间歇宜为4~7天。

(2)根据锚碇的结构形式和大小等采取分块施工,块与块之间预留湿接缝,槽缝宽度宜为1.5~2 m,槽缝内宜浇筑微膨胀混凝土。

(3)混凝土浇筑完后应按照规定覆盖并洒水进行养护。当气温急剧下降时须注意保温,并应将混凝土内外温差控制在25 ℃以内。

四、隧道式锚碇施工

隧道式锚碇在隧道开挖时应采用小型爆破法，并不得损坏周围岩体。开挖后应正确支护并进行锚体浇筑。

隧道式锚碇混凝土施工应符合以下要求：

(1)锚体混凝土必须与岩体结合良好，宜采用微膨胀混凝土，防止混凝土收缩与拱顶基岩分离。

(2)混凝土浇筑完毕后，必须采取混凝土养护措施，确保混凝土的质量。

(3)洞内应具备排水和通风条件。

五、锚碇混凝土施工精度要求

锚碇混凝土施工精度应符合表7-3的规定。

表7-3　锚碇混凝土施工精度要求

项目		允许偏差
锚碇结构轴线偏位/mm	基础	20
	锚面槽口	10
断面尺寸/mm		±30
基础底面高程/mm	土质	±50
	石质	+50，-200
顶面高程/mm		±20
大面积平整度/mm		5
预埋件位置		符合设计要求

第二节　索塔

悬索桥的索塔分钢塔和钢筋混凝土塔，我国较多使用钢筋混凝土塔，也有用预应力混凝土塔的情况。施工方法与高墩或斜拉桥塔基本相同，控制重点是塔的裂缝、变形、表面损伤，以及塔顶框架的安装精度，包括平面位置和高程。塔的施工方法有支架现浇，爬(翻)模施工、滑模施工，以及预制装配。根据不同高度、结构外形、截面尺寸、机械设备和施工经验采用不同的施工方法。

(1)塔基和混凝土塔身施工应按斜拉桥有关规定进行。

(2)塔顶钢框架的安装必须在索塔上系梁施工完毕后方能进行。

(3)塔完工后，须测定裸塔倾斜度、跨距和塔顶标高，作为主缆线形计算调整的依据。

(4)塔施工精度应符合表7-4的规定。

表7-4 索塔施工精度要求

项目	规定值或允许偏差
混凝土强度	在合格标准内
塔柱底水平偏位/mm	10
倾斜度/(°)	塔高的1/3000，且不大于30或设计要求
断面尺寸/mm	±20
系梁高程/mm	±10
索鞍底板面高程/mm	+10，-0
预埋件位置	符合设计要求

第三节 施工猫道

(1)猫道形状及各部尺寸应满足主缆工程施工的需要。猫道面层标高到被架设主缆底面的距离要全长要保持一致，宜为1.3 ~ 1.5 m；猫道净宽宜为3 ~ 4 m，扶手高宜为1.50 m。上、下游猫道间宜设置若干条人行通道以增强抗风稳定性。

(2)猫道承重索可用钢丝绳或钢绞线。设计时充分考虑猫道自重及可能作用其上的其他荷载，承重索的安全系数不小于3.0。猫道宜设抗风缆，确保其稳定性。

(3)采用钢丝绳做承重索时，要进行预张拉消除非弹性变形。预张拉荷载不得小于各索破断荷载的1/2，保持60 min，进行两次。测长和标记在温度稳定的夜间进行。承重索按指定的长度切断以后，其端部灌铸锚头，锚头顶面应与承重索垂直，并对锚头进行静载检验，以确保安全。

（4）架设时总的原则是做到对称施工，边跨与中跨作业平衡，减少对塔的变位的影响，控制裸塔塔顶变位及扭转在设计容许的范围内。猫道承重索架设后要进行线形调整，应预留500 mm以上的可调长度，各根索的跨中标高相对误差宜控制在±30 mm之内。承重索在边跨与中跨应连续架设。

（5）猫道面层宜由阻风面积小的两层大、小方格钢丝网组成。

（6）猫道面层从塔顶向跨中、锚碇方向铺设，并且上、下游两幅猫道要对称、平衡地进行。铺设过程中设牵引及反拉系统，防止面层下滑失控而出现事故及卡环与猫道承重索卡死的现象。

（7）中跨、边跨猫道面的架设进度，要以塔的两侧水平力差异不超过设计要求为准。在架设过程中要监测塔的偏移量和承重索的垂度。

（8）抗风缆采用钢丝绳时，使用前应进行预张拉。抗风缆架设时宜按先内侧后外侧的架设顺序进行。架设前应先与有关部门联系，设置通航标志，保证航道安全。

（9）加劲梁架设前，应将猫道改吊于主缆上，然后解除猫道承重索与塔和锚碇的联结，以利于施工控制。

（10）主缆防护工程完成以后，可进行猫道拆除工作。拆除时严禁伤及吊索、主缆和桥面。

第四节　主缆工程

主缆是悬索桥的重要承重结构，桥面恒载和活载大部分由主缆通过吊索传到主塔和锚碇。主缆一般由平行钢丝组成，其架设方法主要有预制平行钢丝束法(PWS法)和空中编缆法(AS法),为保证主缆经久耐用,通常将主缆钢丝预先镀锌,主缆架设完成后进行系统防腐涂装。

一、索股牵引

索股牵引应符合下列规定。

(1)牵引过程中应对索股施加反拉力。

(2)牵引最初几根时,宜压低牵引速度,注意检查牵引系统运转情况,对关键部位进行调整后方能转入正常架设工作。

(3)牵引过程中发现绑扎带连续两处被切断时,应停机进行修补。监视索股中的着色丝,一旦发生扭转,要采取措施加以纠正。

(4)牵引到对岸,在卸下锚头前要把索股临时固定,防止滑移。索股后端宜施加反拉力。

(5)索股两端的锚头引入锚固系统前,要将索股理顺,对鼓丝段进行梳理,不许将其留在锚跨内。

(6)索股横移时,要将索股从猫道滚筒上提起,确认全跨径的索股已离开猫道滚筒后,才能横向移到索鞍的正上方。横移时拽拉量不宜过大,任何人不允许站在索股下方。

牵引索股的方法多种多样,目前常用的是拽拉器牵引和轨道小车牵引。从已成桥的施工方法中可以看出,日本较多采用拽拉器牵引,我国虎门大桥也成功地采用了这种方法;而丹麦的小带桥、大带桥和我国的汕头海湾大桥等成功地运用了轨道小车牵引方法。

索股牵引(在主缆位置的侧边进行)完毕后,要经过横移,将其移到索鞍的正上方。横移过程是,先把索股从猫道滚筒上提起,为了不损伤索股,要确认全跨径索股已离开猫道滚筒后,才能横向移动。横移时拽拉量不要过大,以免与周围结构发生碰撞或使索股损伤。

二、索股调整

(1)在索鞍区段内的索股从六边形断面整理呈矩形,其钢丝在矩形断面内的排列应按既能顺利入鞍槽又使空隙率最小的原则。整形过程应在索股处于无应力状态下使用专用的整形器进行。整形完毕的索股方能放入鞍槽，并用木块楔紧。整形时应保持钢丝平顺，不能交叉、扭转，不允许损伤钢丝。

(2)索股锚头入锚后进行临时锚固。为便于夜间调整线形，应给索股一定的抬高量(一般为200～300 mm)，并做好编号标志。

(3)索股线形调整应按下列要求执行。

①垂度调整须在夜间温度稳定时进行。温度稳定的条件为：长度方向索股的温差不大于2 ℃。

②空隙率须满足设计要求，空隙率偏差为±2%。

③不圆度(即紧缆后主缆横径与竖径之差)不宜超过主缆设计直径的5%。

索股垂度调整精度标准是参考国内外几座已成桥确定的，具体情况见表7-5。

表7-5　索股垂度精度标准

项目	允许偏差/mm		
	虎门大桥	汕头海湾大桥	大鸣门桥
基准索股(绝对值)	0~35	±20	±60
上下游基准索股高差	10	30	42
一般索股(相对于基准索股)	±10	3	—

三、主缆防护

(1)主缆防护应在桥面铺装完成后进行。

(2)防护前必须清除主缆表面灰尘、油污和水分等污物，然后临时覆盖，待对该处进行涂装及缠丝时再揭开。

(3)主缆涂装应按涂装设计进行。

(4)缠丝工作宜在二期恒载作用于主缆之后进行，缠丝材料宜选用软质镀锌钢丝，缠丝工作应由电动缠丝机完成。

①缠丝总体方向宜由高处向低处进行，而两个索夹之间则应从低到高，以保证缠丝的密实程度。

②缠丝始端应设法嵌入索夹内不少于2圈(或按设计要求)，并施加固结焊。

③节间内钢丝需要焊接时,宜用闪光对接焊。钢丝缠绕中应保持设计张力,缠绕应紧密均匀,电源应稳定。

④缠丝终端应设法嵌入索夹端部槽内并预固结焊,以免松弛。

⑤一个节间内缠好的钢丝宜用固结焊固结。对节钢丝除施加对焊外需采用固结焊固结。

(5)质量控制。钢丝缠绕应密贴,缠丝张力应符合设计要求。

第五节 索鞍

索鞍一般分为主索鞍和散索鞍,主索鞍主要是将主缆传来的巨大压力传递到主塔,散索鞍主要是改变主缆的传力方向,并将主缆分散为索股,分别锚固在锚碇上。

索鞍安装的要点如下:

(1)安装索鞍时必须满足高空吊装重物的安全要求。选择在白天且天气晴朗时连续完成工作。

(2)索鞍安装时应根据设计提供的预偏量就位,加劲梁架设和桥面铺装过程中按设计提供的数据逐渐顶推到永久位置。顶推前应确认滑动面的摩阻系数,严格掌握顶推量,确保施工安全。

(3)索鞍安装精度见表7-6和表7-7。

表7-6 主索鞍安装精度实测项目

项目	规定值或允许偏差
纵向最终偏差/mm	符合设计要求
横向偏位/mm	10
高程/mm	+20,-0
四角高差/mm	2

表7-7 散索鞍安装精度实测项目

项目	规定值或允许偏差
纵、横向偏位/mm	5
高程/mm	±5
角度/°	符合设计要求

第六节 索夹与吊索

索夹和吊索的作用是将桥面恒、活载传到主缆。索夹一般为铸钢结构，通过高强度螺栓抱紧主缆。吊索一般为钢丝绳或平行钢丝束。

一、索夹安装

(1)索夹安装前，应测定主缆的空缆线形，提交给设计及监控单位，对原设计的索夹位置进行确认。然后在温度稳定时在空缆上放样定出各索夹的具体位置并编号，清除索夹位置处主缆表面的油污及灰尘，涂上防锈漆。

(2)索夹在运输和安装过程中应注意保护，防止碰伤及损坏表面。

(3)索夹安装方法应根据索夹结构形式、施工设备和施工人员经验确定。当索夹在主缆上精确定位后，即固紧索夹螺栓。

(4)紧固同一索夹螺栓时，应保证各螺栓受力均匀，并按三个荷载阶段(即索夹安装时、钢箱梁吊装后、桥面铺装后)对索夹螺栓进行紧固，补足轴力。索夹位置要求安装准确，纵向误差不应大于10 mm。记录每次紧固的数据存档，并交给管理部门备查。

二、吊索制作

吊索制作须按有关产品标准执行。

三、吊索安装

(1)运输、安装过程中保证吊索不受损伤。

(2)安装时须采取措施，防止吊索扭转。

第七节 加劲梁

加劲梁主要为悬索桥提供桥面直接承受活载，主要有钢箱梁、钢桁梁和钢筋混凝土箱梁等结构形式。本节主要根据《公路桥涵施工技术规范》的相关要求，结合国内悬索桥施工中出现的一些问题，介绍钢箱梁制造、运输、吊装和现场节段连接中必须进行的一些工作和注意事项。

一、加劲钢箱梁制作

本节适用于全焊加劲钢箱梁的制造。加劲钢桁架梁的制造可按有关规定执行。

(一)零部件加工

(1)除施工图及工艺文件另有规定外，零部件加工范围及允许偏差应按表7-8的规定执行。

表7-8 零件的加工范围及允许偏差

项目		允许偏差/mm
零件	范围	
桥面板、桥底板、横隔板、锚底板	四边埋弧自动焊拼板	±1.5
		±1.0
加劲肋	焊接边(端)	±2.0

注：a. 板厚 $t<10$ mm时，板边垂直偏差不得大于1 mm时；板厚 $t>10$ mm，板边垂直度偏差为0.1 t，但不得大于3 mm；b. 马刀形弯曲，长度10 m及以下允许2 mm，10 m以上允许3 mm，但不得有锐弯。

(2)零部件边缘的加工，应优先选用精密切割。

(3)边缘加工后，必须将边缘刺屑清除干净，磨去飞刺、挂渣及波纹，还应将崩坑等缺陷部位磨修匀顺。

(4)零件应根据预留加工量及平直度要求，加工端边。已有孔(或锁口)的零件按孔(或锁口)中心线定位加工边缘。

(5)按设计要求需要刨(铣)加工的零件，刨(铣)边时应避免油污污染钢料，加工面的表面粗糙度不大于25 μm，顶紧加工面与板面垂直度偏差应小于0.01 t（t为板厚）且不得大于0.3 mm。

（6）经刨边后的边缘，其表面质量及公差应符合表7-9的规定。

表7-9　刨边要求及公差（t为板厚）

项目		要求及公差
范围	名称	
一般结构	刨削边垂直度	不大于0.05t且不大于2/mm
	粗糙度	小于25μm
顶紧传力面	刨削边垂直度	小于0.01t且不大于0.3/mm
	粗糙度	小于25μm

（二）板件、部件及节段组装

1. 组装

（1）组装前应熟悉施工图和工艺文件，核对编号及图纸无误后方可组装。

（2）板件、部件及节段组装应在专用平台或胎架上进行，使用专用夹具或马板进行固定，并按工艺要求释放余量或补偿量，在确保产品组装精度和控制焊接变形的条件下应尽量使用夹具，减少使用马板的数量。

（3）松开马板约束时，必须采用火焰切割的方式进行，并将约束部位修磨匀顺。

（4）桥面板、桥底板纵和横对接焊缝应带产品试板，对产品试板进行拉伸试验及焊缝热影响区低温冲击试验。产品试板数量为桥面板、桥底板纵向对接焊缝每10条带1块产品试板，横向对接焊缝每5条焊缝带1块产品试板。

（5）组装合格后的板块或部件，应在规定部位打上编号钢印。

（6）组装精度应满足设计要求，设计无规定时，可按表7-10的规定执行。

表7-10　组装精度要

简图	项目	允许偏差
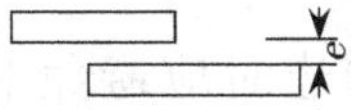	搭接接头的间隙，mm	0,2

续表

简图	项目	允许偏差
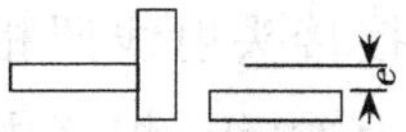	接合的借位,mm	小于$t/5$且不大于4(t为板厚)
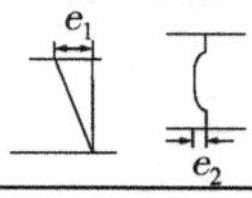	纵隔板和横隔板垂直度和平面度	$e_1 \leqslant 3$ $e_2 \leqslant 4$

2. 焊接

(1)焊接要求除本章要求外还要执行钢结构的规定。焊缝超声波无损探伤范围、内部质量分级及检验等级应符合表7-11的规定。

表7-11 焊缝超声波无损探伤范围、内部质量分级及检验等级

项目	探伤方法	适用范围	探伤范围	质量等级	检验等级
对接焊缝	超声波	桥面板、桥底板、风嘴(参与强度计算时)的纵、横向对接焊缝	全长	Ⅰ级	B级
	超声波	U肋、球扁钢、扁钢等的对接焊缝,加劲肋的对接焊缝,隔板的对接焊缝	全长	Ⅱ级	B级
角焊缝	超声波	U肋、球扁钢、扁钢与桥面板、桥底板、风嘴的角焊缝;加劲肋的对接焊缝,隔板与桥板的角焊缝	全部杆件两端各1 m,中间加探1 m	Ⅱ级	B级
	超声波	锚箱本体的角焊缝及与锚箱连接处的角焊缝	全长	Ⅱ级	B级
	磁粉或渗透	锚箱本体的角焊缝及与锚箱连接处的角焊缝	全长	—	—

(2)焊缝的超声波探伤应符合现行《钢焊缝手工超声波探伤方法和探伤结果分级》(GB 11345)的规定。

(3)焊缝的磁粉探伤应符合现行《焊缝磁粉检验方法和缺陷磁痕的分级》(JB/T 6061)的规定。

(4)焊缝的渗透探伤应符合现行《焊缝渗透检验方法和缺陷磁痕的分级》(JB/T 6062)的规定。

(5)桥面板、桥底板、风嘴(参与强度计算时)的纵、横向对接焊缝须进行射线探伤。纵缝按接头数量的10%进行射线探伤,探伤范围为焊缝两端各250～300 mm，接焊长度大于2 m时中间加探250～300 mm。横缝应按横缝长度的5%随机进行射线探伤。

（6）焊缝的射线探伤应符合现行《钢熔化焊对接接头射线照相和质量分级》（GB 3323）的规定。射线照相质量等级为AB级；焊缝内部质量为Ⅱ级。

（7）焊缝修磨和返修。

①外观检查超标者应按要求进行返修。

②超出规定的内部缺陷应在查明原因后用碳弧气泡清除缺陷，用手工焊进行返修。

③返修焊后的焊缝应修磨匀顺，并按原质量标准进行复检。

3. 部件矫正

（1）部件矫正时，应优先采用机械矫正方法，矫正时应缓慢加力，环境温度不应低于5 ℃，冷矫角变形总量不应大于2%。

（2）仅做定位焊或焊缝尚未完成的构件，不宜进行矫正。

（3）板件和节段应在装焊完毕松弛约束后进行矫正。

（4）热矫时加热温度应控制在600～800 ℃范围，同一部位加热不宜超过2次。

（三）试拼装

（1）钢梁应按拼装图进行厂内试拼装，试拼不少于3个节段，按架梁顺序进行试拼装。

（2）试拼装前，应认真做好各项准备工作，仔细检查试拼装胎位、工具、仪器与吊具是否完好和安全可靠。

（3）依据设计图及工艺文件核对每个零件、部件和梁段，不允许使用未经检验或不合格的零部件及梁段参加厂内试拼装。

（4）每次试拼按钢桥进行检测，其结果应有详细记录，首次由工厂技术负责主管组织鉴定，其余各次由工厂检验部门检验确认合格后方可进行下道工序。

（四）成品

（1）成品梁段基本尺寸允许偏差应符合表7-12的要求。

表7-12 梁段验收允许误差

项目		允许误差
名称	范围	
跨度L	L为三段试装时最外两吊点的中心距，m	±(5+0.15L)
	分段时两吊点中心距，mm	±2
全长	分段累加总长，mm	±20
	分段长，mm	±2
盖板宽	盖板单元纵向有对接时的盖板宽，mm	±1
	箱梁段的盖板宽，mm	±3
旁弯	桥面中心线在平面内的偏差，L为三段试装长度，m	3+0.1L 最大12
	单段箱梁，mm	≤5
拱度	L为跨度或试装匹配时三段的长度，m	超过的：+$\left\{\begin{matrix}3+0.15L\\ \leq 12\end{matrix}\right\}$ 不足的：-$\left\{\begin{matrix}3+0.15L\\ \leq 6\end{matrix}\right\}$
工地对接板面高低差	安装匹配件后板面高差	≤1.5

注：梁高(H)，腹板中心距，横截面对角线差，左右支点高度差(吊点)，盖板、腹板平面度，扭曲等项目验收条件见规范要求。

(2)钢梁成品应由工厂检验部门进行全面检查、验收，并与业主委派的质量监理工程师共同确认，合格后方可填发产品合格证。

(3)成品移交用户时，工厂应提供下列文件：

①产品合格证；

②完工图；

③工厂内试拼装记录；

④焊缝最大修补检验记录。

二、钢箱梁安装

待索夹和吊索安装完毕并做好以下准备工作后方可进行吊装。

(1)对桥下地形及河床进行探测，根据实际情况进行清理。

(2)潮汐河段须掌握桥位区水域水文情况，了解该处潮汐变化规律。

(3)完成施工组织设计,并经审定。

(4)确定吊装期间封航和航道运输管理方案。

(5)应充分掌握有关气象资料,特别是突发性风情预报,并做好防范措施。

(6)吊机安装就位,并完成各项设备安装及检查工作。

安装钢箱梁的吊机可选用卷扬机提升跨缆吊机或液压提升跨缆吊机,启用前必须进行试吊。

1. 吊装方法可根据以下情况选定

(1)如能将梁段运至吊点位置处,可采用垂直起吊法架设。

(2)因河床的限制,梁段不能运至吊点正下方时,可将吊机偏位,将梁段垂直起吊,然后纵向牵引箱梁就位。

2. 吊装过程应符合下列规定

(1)吊装过程必须严格遵守高空作业及水上作业的安全规定。

(2)吊装过程应观察索塔变位情况,应根据设计要求和实测塔顶位移量分阶段调整索鞍偏移量,以保证工程质量和施工安全。

(3)安装前应确定安装顺序,一般可以从中跨跨中对称地向两边进行,安装完一段跨中梁段后,再从两边跨对称地向索塔方向进行。

(4)钢箱梁水上运输必须由有经验的人员担任,架设前宜进行现场驳船定位试验,以保证定位精度。

(5)各工作面上,吊装第二节段起须与相邻节段间预偏一定间隙(0.5 ~ 0.8 m),至标高后,牵拉连接,避免吊装过程与相邻节段发生碰伤,影响吊装工作顺利进行。

(6)安装合龙段前,必须根据实际的合龙长度对计算合龙段长度进行修正。

3. 调试和定位

(1)在节段吊装过程中应对箱梁节段接头进行测试,并随时拧紧定位临时螺栓。

(2)当节段吊装超过一定数量时,跨中段的挠度曲线趋于平缓,接近设计要求,此时可对该接头进行定位焊。随节段吊装的增加,其他节段的挠度曲线将逐渐趋于平缓,其他节段接头也将就位,可实施定位焊。

4. 工地焊接

(1)工地焊接应做工艺评定,并严格按工地焊接工艺进行工地焊接。

(2)工地焊缝焊接前应用钢丝砂轮进行焊缝除锈,并在除锈后24 h内进行工地焊接。

(3)焊接前应检查接头坡口、间隙和板面高低差是否符合要求,同时检查环境是否满足工地焊接的环境要求,如不满足应采取措施。

工地焊接环境要求:风力小于5级;温度大于5 ℃;湿度小于85%。另外,雨天不能进行工地焊接(箱内除外)。

(4)工地接头焊接时,应注意温度变化对接头焊接的影响。安装时须有足够数量的固定点并保证足够的强度。当工地焊缝形成并具有足够的刚度和强度时,方能卸载安装固定点,防止焊缝裂纹及接口处错边量超差。

(5)箱内焊接须有通气排尘措施,钢桥上应有安全用电措施,确保施工安全。

(6)桥面板和桥底板应使用单面焊双面成形技术,其他结构应尽可能采用高效焊接以减少焊接变形。当箱内采用CO_2气体保护焊时,应采取通风防护安全措施。

(7)为控制变形,应对施焊顺序进行控制,横向施焊顺序宜从桥面中轴线向两侧焊接,并尽量做到对称施焊。

(8)工地焊接接头应进行100%的超声波探伤,其中抽取30%进行X光探伤拍片检查,当有一片不合格时则对该焊缝进行100%的X光拍片。

(9)纵向加劲肋的对接接缝只做超声波探伤。

(10)焊缝缺陷的修补应按有关规定执行。

5. 工地涂装

(1)工地焊接后应按防腐设计要求进行表面处理。

(2)工地焊接的表面补涂油漆应在表面除锈24 h内进行,分层补涂底漆和面漆,并达到设计的漆膜总厚度。

(3)根据技术文件的要求,工地焊接完成后,应按涂装工艺文件的要求涂箱外装饰面漆。

三、钢桁架梁安装

钢桁架梁安装可按钢桥及钢箱梁安装的有关规定执行。悬臂吊装时,可先利用塔顶的吊装设备安装好靠塔柱的节段,再在桁梁上安装移动式悬臂吊机,利用移动式悬臂吊机从塔柱往主跨跨中及锚定方向对称均衡地将桁梁安装到位。对于桁梁节段重量较轻者,也可采用缆索吊装。

四、钢加劲梁安装要求

钢加劲梁的安装应符合表7-13的规定。

表7-13　钢加劲梁安装后的允许偏差

项目	规定值或允许偏差
吊点偏位	20mm
箱或桁梁顶面高程在两吊索处高差	20mm
相邻节段匹配高差	2mm
吊索防护	符合设计要求
箱或桁梁段工地连接	符合规范和设计要求
钢箱或桁梁工地防护	符合设计要求

第八节　钢桥面铺装

(1)钢桥面板出厂时应按设计要求涂防锈漆,在桥面铺装前应喷丸除锈。

(2)钢桥面铺装施工应符合设计要求,施工前应对各种材料进行调查试验,并对各种施工机械和设备做全面检查。各层铺装施工前应进行施工试验。

(3)钢桥面铺装施工时在一道工序完工之后,下道工序应紧跟或尽快进行,施工前下层应保持干燥、整洁,不得有尘土、杂物、油污或损坏,当不符合要求时应予以处理。除沥青铺装层外,完工后的铺装层表面严禁通行非施工车辆。

(4)沥青铺装施工之前,必须铺筑试验段,以验证沥青混合料配合比设计结果,并确定沥青配合料施工工艺。

(5)沥青铺装施工气温不得低于15 ℃,且应在钢桥面左右两幅平行对称分段铺筑。

(6)钢桥面人行道及中央分隔带铺装,除沥青铺装外其余应与行车道相同。沥青铺装层宜人工铺筑,当使用大型压路机有困难时,应采用小型振动压路机或振动夯板压实,对不能采用压实机具的部位,可采用人工夯实。

(7)质量检查与验收。钢桥面沥青铺装的质量检查与验收标准应符合现行《公路工程质量检验评定标准》(JTJ 071)的规定。对钢桥面沥青铺装进行检测时,不得采用钻孔法,而应改用其他合适的方法。

第九节 悬索桥施工质量管理

一、施工前对方案、设备人员的调查审核

(1)评价工程所需机械设备是否齐备,测试工作效率和稳定性。

(2)确保混凝土和泥浆的质量和供应量,避免工程中止的情况发生。

(3)确保工作人员持证上岗,具有能胜任工作的经验和能力。对

大型设备的人员做好沟通交流和技术协调。重要项目设专人做好记录工作。

(4)核实施工计划是否有充分考虑勘测结果,务必达到工序合理、高效率。

(5)分析可能出现的问题,设置相应的应急预案,并保证能够顺利执行。

(6)调查周围可能存在的重要建筑构造物,防止意外事故的发生。

二、悬索桥施工监理

国内已建成的大跨悬索桥的主缆采用平行高强钢丝制作而成。

根据悬索桥的构造和施工特点,监理人员应审查承包人提交的实施性施工组织设计,对构件加工、特殊机械设备的设计制作,必要时应进行试验。

应检查承包人申报的施工过程中的施工监控措施。

索鞍、索夹、索股、吊索和钢加劲梁等成品交货时应提供产品质量保证书、产品批号、设计型号、生产日期、数量、长度和重量等,还应提供产品出厂检验报告及有关数据。拉索的运输和堆放应无破损、无变形、无腐蚀。

大跨悬索桥的施工精度要求很高,每个环节都不能忽视,随着工程进度要及时做好监控工作。监控的内容包括:校核主要设计数据;提供施工各理想状态线形及内力数据;对施工各状态控制数据实测值与理论值进行对比分析;进行设计参数识别与调整;对成桥状态进行预测及反馈控制分析,提供必要的控制数据;对结构线形及内力(或应力)进行监控;防止施工中出现结构位移与应力过大现象,确保施工高质、安全、快速地进行。

施工准备应根据悬索桥的构造和施工特点,预先编制经济可行的实施性施工组织设计,有计划地做好构件的加工、特殊机械设备的设计制作和必要的试验工作。索股、索鞍和索夹应严格执行国家或部委颁布的行业标准和规定制作,并应进行检测和验收。施工过程中,必须进行施工监控,确保施工质量。

三、质量检查与验收

（1）需要重点关注钢筋笼的刚度、构造和焊接情况，以及长度和宽度。钢筋笼的中段通常是连续墙的最大受力位置，应将其作为重点验收的对象。

（2）验收成槽深度和清基后的沉渣厚度，接头处的泥块需要确保刷净。

（3）检查混凝土配比，抽查坍塌试验报告，并对每个槽段做抗压测试。

（4）对于工期较长的工程要做好记录检查的工作，定期验收。

参考文献

[1]陈子良，曹晓岩．公路与桥梁工程施工监理实用手册[M].哈尔滨：黑龙江科学技术出版社，2002.

[2]丁雪英，陈强，白炳发．公路桥梁建设与工程项目管理[M].长春：吉林科学技术出版社，2019.

[3]冯明硕，薛辉，赵杰．公路桥梁工程施工技术[M].延吉：延边大学出版社，2017.

[4]高连亭．公路桥梁建设施工技术与质量检验[M].北京：中国标准出版社，2003.

[5]郭伍军．公路桥梁施工技术研究[M].哈尔滨：东北林业大学出版社，2019.

[6]黄家城．公路桥梁建设设计与质量监督[M].北京：人民交通出版社，2003.

[7]季井满，张国忠，陈宝玺．公路与桥梁养护[M].哈尔滨：哈尔滨地图出版社，2005.

[8]李岩涛．公路桥梁与施工管理[M].沈阳：沈阳出版社，2018.

[9]刘俊广．公路与桥梁项目施工[M].天津：天津科学技术出版社，2019.

[10]刘俭锐．高速公路桥梁施工标准化技术指南[M].哈尔滨：东北林业大学出版社，2018.

[11]单炜，张宏祥，李玉顺．公路桥梁检测技术[M].哈尔滨：东北林业大学出版社，2005.

[12]盛可鉴，崔旭光．公路与桥梁施工技术[M].北京：人民交通出版社，2007.

[13]王涛，王峰．公路桥梁施工技术与概预算[M].延吉：延边大学出

版社,2019.

[14]王燕浩.公路桥梁工程桩基础施工技术[M].德宏:德宏民族出版社,2019.

[15]许英杰.公路桥梁施工技术[M].天津:天津科学技术出版社,2017.

[16]徐晖,张南,胡毅.公路桥梁施工管理与市政建设[M].哈尔滨:哈尔滨地图出版社,2018.

[17]杨飞.公路桥梁施工与隧道工程[M].天津:天津科学技术出版社,2020.

[18]张少华.公路桥梁工程与项目管理[M].北京:北京理工大学出版社,2019.

[19]张庆芳,张志国.公路桥梁混凝土结构设计原理[M].天津:天津大学出版社,2010.

[20]赵卫平.公路与桥梁工程结构检测[M].呼和浩特:内蒙古大学出版社,2006.